特别鸣谢

感谢在编写的过程中，勾阳春女士对于本书中涉及的财务会计专业知识的奉献。她夜以继日地协助整理我的《自主经营实学：经营会计构建与业绩改善》和《自主经营实学：经营会计的活用》课程的讲稿资料，从而加速了本书的出版。同时也要感谢舒海进同事为本书纲要和内容的写作所贡献的智慧。

INDEPENDENT MANAGEMENT
ACTUAL OPERATION
ACCOUNTING FOR BUSINESS

自主经营实学
经营会计

田和喜◎著

企业管理出版社
ENTERPRISE MANAGEMENT PUBLISHING HOUSE

图书在版编目（CIP）数据

自主经营实学：经营会计 / 田和喜著 . —北京：企业管理出版社，2018.12

ISBN 978-7-5164-1860-4

Ⅰ . ①自… Ⅱ . ①田… Ⅲ . ①企业管理—会计 Ⅳ . ① F275.2

中国版本图书馆 CIP 数据核字（2018）第 283487 号

书　　名：自主经营实学：经营会计

作　　者：田和喜

责任编辑：尚元经

书　　号：ISBN 978-7-5164-1860-4

出版发行：企业管理出版社

地　　址：北京市海淀区紫竹院南路17号　　邮编：100048

网　　址：http：//www.emph.cn

电　　话：总编室（010）68701719　发行部（010）68701816

编辑部（010）68414643

电子信箱：qiguan1961@163.com

印　　刷：北京市密东印刷有限公司

经　　销：新华书店

规　　格：170毫米×240毫米　16开本　18印张　236千字

版　　次：2019年1月第1版　2019年1月第1次印刷

定　　价：68.00元

序　言

企业到底需要什么样的会计

1994年大学毕业后，我被分配到国家机关。两年的公务员生涯，让我意识到这并不是我的追求。我向往激情燃烧的生活，不想过温水煮青蛙的日子。于是1996年年末，我停薪留职，只身南下。

1997年，我到日企住友化学就职做财务会计。短短一年时间，对经营管理及财务一窍不通的我先后从事固定资产会计，到应收应付会计，再到成本核算工作。

因为能用英语交流，加上我的用功，出于日本企业开拓中国市场需要大量培养人才的原因，所以才开启我人生的管理职业生涯。

由于我擅长学习，在财务部工作成绩出色，多次得到表彰，引起了企业高层的关注，因此有了更多的机会。我不太喜欢呆板的工作，一年后先后调往人事部和营销部门任职。很好的机遇，我通过高阶经理人训练被派往日本学习，从此接受了【论语与算盘】经营思想的系统经营训练，在懵懂中开启了经营的大门，也开启我人生的更高职业目标的挑战——预备经营管理部课长。

随着任职越来越高，对经营的困惑也越多，我向日本企业高级会计师不断请教，开始钻研财务会计和经营管理会计。

短暂的财务工作并没有禁锢我活跃的思维。我生性喜欢直白简单做事，所以无法接受晦涩难懂的专业。在工作中，与我作为业务实战所需要的数据分析很难对接，最可怕的是无法真正解决问题。这时我便十分理解财务部门的会计为何经常与业务部门吵架。

2003年，我带着满腹的【论语与算盘】的知识，憧憬着在中国民营企业应用。然而与实际业务难以对接，让我再次对财务会计活用于经营的适用性产生怀疑。带着困惑，我开始迷失在会计的海洋中，不断拷问“经营到底需要什么样的会计？”

2006年，在国内民企集团任职副总裁期间，我重新把7年前接触到住友、松下、京瓷的经营管理会计做了更认真的解读，重新思考会计学应有的功能及应该遵循的原理原则，重新审视财务会计准则。在身居高层的实践中，我才渐渐真正认识到会计的本质不是数据算账，而是经营者的价值观具体表达。

2008年，我投身创业，接触到稻盛和夫独创的管理会计和单位时间核算方法，这再次点燃我深入研究的兴趣，让我领悟到会计背后的哲学思想，同时得出结论：每个企业都应该有符合自己业务特征和经营理念的会计体系。在仔细研究日本经营史过程中，我发现从涩泽荣一到松下，再到稻盛和夫，所有优秀的企业家都能把算盘和理念彻底融合。

再放眼当下，不管是日本松下、佳能、京瓷、洋华堂、7-11等众多企业，还是中国海尔、华为等优秀企业，面对网络时代，它们都探索出支撑业务的新的会计模式，诞生了与互联网时代相接的业务会计的企业案例。

作为一把手，自己经营企业的10年实践探索，结合在做经营咨询的过程中不断与企业业务、财务和老板的交流，我了解到每个老板都希望能清晰看出企业真实的盈利状态，告别糊涂账。另外，也得知几乎很少的老板愿意去看财务的三张报表——太专业。

因此在咨询服务的过程中，带着对财务会计的困惑，我不断拷问会计的本质应该是什么？特别是看完京瓷会计七原则后，更是豁然开朗。于是我思索，虽然各家企业有自己独特的会计表现形式，但其背后是否潜藏着共通的会计原理原则呢？

集中众多企业遇到的问题，在研究了国内优秀企业实践案例后，我发现了互联网时代衡量企业价值会计的共性特征，那就是“以顾客的价值为中心，能激活全员经营，能精确评价员工贡献价值，并能真实反映企业经营的实际状态”。这本身也是个性化时代为了适应柔性供应链的经营，更加注重客户需求、激活员工应对个性化的市场，人人会算账，实现成本最小化的要求。

伴随着经营模式的改变，应对客户和员工的个性化，传统的金字塔组织将崩溃，取而代之的是流程性的平台型组织。如滴滴出行，需要核算到一个人和一台车，传统的财务会计显然已经不能适应。实现以订单为主线的小组织利润及分配的核算对会计提出了更高的要求，并且要实现业务、财务、人事数据的彻底融合，才能提高核算效率，达到及时性。海尔、华为、滴滴都实现了这样的财务经营管理变革。

因此，人人都是经营者，全员都能算账，易懂易学的会计是时代的必然。经过10年的研究，我们总结了今天更需要真正能为经营服务的会计学，即经营会计的原理原则、标准和方法体系。

应企业广大学员要求，我们将10年经验奉献给正在探索经营真谛的经营者。本书从财务会计与经营会计对比角度阐述了其异同，从而让读者更加清晰学习和应用经营会计的必要性，明确经营会计为何对经营服务更加有针对性，而且简单有效，实现全员学会算账，为小组织的自主经营提供有力的支撑。

本书根据我们近100多个“理念+算盘”自主经营的咨询案例和《实学：经营会计的构建与活用》的课程为基础编写而成。全书力求与经营的实践紧密结合，以帮助大家更容易理解，经营会计的本质不是简单的数字游戏，而是贯穿了经营理念和经营战略的经营体系。

书中很多的观点虽然挑战了传统的会计学原理、原则及会计核算准则，但实则给予了财务会计的专业人士及企业经营者崭新的视觉，重新审视会计的本质及经营数据背后的灵魂，深切地理解“把哲学变成数字才叫经营”。

本书成型较为仓促，十分感谢帮我整理大量资料的同事们——研发部门负责案件整理的刘恩，以及提供大量咨询案例资料的咨询顾问程学斌、高然、刘征东、顾宇锋、田元等，同时以本书献给默默支持我的家人，以作纪念！

田和喜

2018年11月17日于广州

目 录

第一章

不懂会计何谈经营

老板经营的本领都是在算账中磨炼出来的，所以只有熟悉经营的财务会计高手才能真正成为老板的参谋；化蛹为蝶，从会计成长为总裁其本质是姿态和思维模式的升华。

——田和喜

1

将来会计是你想做就能做的吗

改革开放40年，中国经济快速增长，借着整体发展的东风，即使不注重管理公司，只要抓住机遇照样可以快速获得发展。而今后信息时代来临，大多数企业仍然沿袭大工业同质化的生产经营模式，需求个性化凸显与规模化高产能的释放形成了矛盾，导致行业产能过剩。伴随“三网”技术的发展，信息更加透明，客户对价值越发敏感，个性化员工难以管理，加之社会责任要求提高，世界贸易保护主义抬头，出口市场环境恶化的同时，国内竞争加剧，所以老板常常吐槽钱难赚。内忧外患，迫使长久以来工业革命时期所采用的管理方式必须改变。

互联网正在驱动全球进行一场深刻的社会关系的变革，旧生产关系下的经营管理模式，已经严重阻碍了生产力的释放。大数据的技术促进了企业组织形态扁平化和组织功能的复杂化，劳动者的素质提升使多能工成为必然。正如华为“铁三角”、海尔“人单合一”，美的、阿里巴巴、腾讯的“小前台、大中台”、韩都衣舍“三人小组”等一些先行者已经实现了财务、业务、人事数据的高度融合，这一系列变革逃离不了会计的创新。传统财务会计已经无法支撑现代经营的发展，因此本书许多理论挑战了管理常识和传统财务会计基础，甚至是现行的会计准则；但它却从主导经营实际过程的数字出发，提供了切实能够解决企业经营实际问题的新视点。

1. 会计要与老板同频

会计最初的就是记账、算账，但是随着企业规模的增大，企业经营业务的增加和复杂化，业务经营对会计提出了更高的要求，特别是在今天快速柔性供应满足客户个性需求的时代。下面是常见的经营场景。

案例一

有客户定制100件工具，A公司实际生产102件。

会计按102件计算生产成本。该批商品销售100件，则按100件计算销售成本，剩余的2件作为库存商品，反映为报表的存货价值。由于是定制商品，后面基本无继续销售可能。

老板：为何要多做出来2件呢？剩的2件价值基本等于0。

会计：这是存货记到账上，价值就是生产成本。

老板：你不懂我的心。

案例二

A公司从江苏来参加广交会，为了现场演示，于是买了台价值2500元的小机器，并且会展装修花了12000元，但由于该机器即使运回江苏，其运费都要比机器贵，于是就在当地处置。

财务：机器并入固定资产。

老板：机器都没了还并入固定资产？

财务：按国家会计准则2000元以上要归固定资产。

老板：我认为应作为一次性销售费用分摊掉。

案例三

老板：我投入的资金不仅没有计算利息，赚的钱都变成了存货。因为企业关闭了，前期投入的固定资产怎么办，好不容易积累的业务资源丧失怎么办？企业还关不了。关键为啥我都没钱发工资了却还要交税？

会计：……

所以老板们常常会说我们财务会计连账都算不明白，而财务说我们老板不懂会计规则，对牛弹琴，互不理解对方。

其实这一切本来都没错，本质是由于思维方式不同所引起的。老板之所以觉得账不准确，是因为老板的思考方式是以能拿到手中的钱作为收入的基准，用的钱就是费用。

会计人员是从国家会计准则来考虑，是以应该交多少税的方式为基础，当企业产生相关权利和责任时就要确认收入，应收账款就是这样的例子。

老板是从经营的角度来思考问题，会计是从财务管理的角度来思考问题，才造成了数据提取及应用、过程和结果的种种差异，也就是老板认为会计没算对，会计认为老板不懂专业。

在高新技术迅速发展的今天，技术创新运用于各项产业活动，既导致生产技术及方式的变化，也引起经营组织与管理的变化，从而对会计信息提出了新的要求。就像医生用对病人查验的数据用于医病一样，会计所提供的数字信息是否能很简单直观给企业诊治呢？

今天要解决的核心问题是，会计体系提供的数据信息需要与企业经营业务具有高度相关性和可靠性；同时达成及时性、准确性、完整性，因而必须改变现行的会计信息与企业经营需求脱节的局面。

如果财务会计的数据信息不能为企业经营提供真正帮助，那么其价值在哪里呢？财务信息只有从经营的角度出发才能真正为企业指引经营的航向，唯有如此才有实际意义。

2. 人工智能对会计的挑战

“人工智能”（Artificial Intelligence，英文缩写为AI）一词最初是在1956年美国计算机协会组织的达特茅斯（Dartmouth）会议上提出的，到目前为止，人工智能的发展已经走过了半个多世纪的历程。马云盒马鲜生及京东巡检机器人的问世，更进一步挤压了财务会计在企业中的地位。

2016年3月10日，全球四大会计师事务所之一的德勤宣布将与Ki-ra System联手，将人工智能引入会计、税务、审计工作当中，官方表示这一科技创新将帮助员工从阅读合同和其他文件的乏味工作中解放出来，减少阅读时间，使得人才投入到更多有价值的工作中，更加关注战略方面的事务。这也预示着，人工智能对各行业都将会产生前所未有的挑战。

如同十年前无法想像人人都有一部智能手机一样，我们同样也想像不到未来十年的人工智能时代应用于企业中是怎样的。当大量重复性的工作被机器取代，工作生活更加便捷高效，人类社会将是什么样的场景？

以往传统行业企业三到五年做一次改革就可以了，但是现在很多企业每半年就要做一次企业战略、创新业务、组织架构和资本运作的重新检讨。在“+互联网”时代，每个企业都需要按照互联网思维，改造和调整企业经营管理模式、营销模式、组织架构和产品研发模式等等。

比如，对快消品行业来说，“+互联网”的影响意味着要开展一系列数字营销，改变传统的营销模式；对于制造行业来说，“+互联网”和工业4.0意味着制造企业要完成数字化改造，实现数字化工厂。实时地获取到企业每一天生产运作过程中的生产信息、销售信息、仓储信息、财务信息等，以通过实时数据支持企业的决策。而这些转变的背后支撑，是企业财务部门的转型和重塑。

“十互联网”和财务信息化技术的迅速发展，将不再需要基础的财务会计人员。

如果说机器取代财务工作还需要很长时间，现在人工智能大数据已经开始影响财务工作了。税务局由原来的人工审核变成了现在的大数据筛查，所以说财务人员面对的不仅仅是基层工作由机器人来替代的风险。而且运用人工智能后财务数据要求更细致，只有财务与业务高度融合才能支撑经营的需求。

同时人工智能将引领一场比互联网影响更大的科技革命。它将颠覆现有的商业模式，程式化的、重复性的技能将失去创造价值的机会。所以我们的工作必须要敢于尝试，让自己强大到做科技时代的领导者。

而人和机器的区别在哪里？机器人可以复制人类的行为，但是它们没有思维和感情，更没有直觉判断，它们只是使日常流程化工作更容易，更高效。单调重复性的工作将会被机器替代，以后需要的是更有创造性的工作和具有创造性的人。

3. 会计如何支撑业务

正如德鲁克所言：一个组织，不论是企业、大学、医院，还是童子军的主管，必须认定组织的使命与任务，就是社会最重要的使命与任务，也是一切事物的基础。

面对机遇和变革，海尔的财务人员没有躲在变革的背后，不是把自己当成变革的“观察家”，而是把自己视为变革的“执行者”和“引领者”。2006年2月，随着海尔人单合一双赢模式的全面启动，其财务系统也开始实施颠覆性变革。张瑞敏给海尔财务确立的战略定位和使命是“做规划未来的财务”，这就意味着财务制度和系统的创新需要与企业战略和商业模式的整体变革相互匹配。

转型之前，海尔财务人员的结构和中国许多其他企业的财务没有太大的差异，财务部门的核心角色是会计，其将大量的精力和工作集中在帮助企业“事后算账”上。由于缺乏足够的懂业务和洞察市场能力的财务人员，一线运营部门不能从财务那里得到更多的业务支持，结果导致海尔的财务部门“是集团内部评比中大家满意度最低的。财务人员工作辛苦、枯燥，但是大家怨声载道”。为了从单纯的会计角色转变为驱动业务的“决策支持者”和“战略引领者”，海尔将财务整合成为4个模块：战略财务、业务财务、专业财务以及共享财务，人员结构也发生了很大的变化。战略和业务财务的人员达到了70%左右，专业财务人员为10%，而基础财务人员的人数则下降到20%左右。变化的不仅仅是财务人员的数量结构，其定位和角色也发生了很大的变化。

战略和业务财务成为驱动业务发展，协同构筑行业领导地位的战略伙伴；专业财务通过建流程、立标准驱动业务并利用税务、预算等专业知识创造价值；而作为高效交易处理的财务共享则实现了“集约型”转变，采购、销售、资产核算、资金支付、费用报销、总账报表等核算流程从原财务组织中剥离出来，实现了海尔财务更集中、会计更分散运营模式。财务共享中心还利用互联网技术开发了云工作平台，这使得海尔财务共享中心成为中国交易处理效率最高的财务共享中心。并在此基础上，将其职能融入“全流程的经营体”。海尔的全流程是指“端到端”的流程体系，所谓“端到端”是指从发现顾客需求，到满足顾客价值的闭环流程。

首先，海尔的财务管理系统建立了以经营体为索引的损益表，从产品企划、生产制造到销售等全流程的角度展现了每个经营体的损益项。这是一种全流程式的核算体系，它将财务流程和业务流程进行紧密的融合，财务报表中的每一个数据都能被解析，都是源于业务的活动所驱动。

其次，海尔将财务人员融入经营体的具体经营中。许多大型的企业集团里，财务管理通常采用派驻制度，即集团将财务人员派驻到不同的业务单位中，负责监管业务单位的财务系统。为了保证财务人员的独立性，派驻人员的管理通常服从于集团财务管理部，并接受集团的监督和考核。业务单位的经营业绩和派驻的财务人员关联度并不大，而这类派驻人员常常带有监督的作用。

海尔在财务管理系统中所采取的融入制度和派驻制度完全不同。融入经营体的财务人员会接受集团财务平台的业务支持，但是，其业绩完全由所在的自主经营体来考评。同时，财务人员的收入取决于所服务的自主经营体的绩效。

正如一位财务管理人员在接受访谈时所说：我的绩效指标都和自主经营体息息相关。让经营体成功，我才能够成功。以前的财务预算通常都是由业务部门做完，然后发给我们财务人员审核。如果我们不同意，就会发给他们重做。现在不同了，自主经营体的预算就是我该做的事情。我的收入完全取决于经营体的业绩。事先帮助经营体算赢，就是帮助我算赢。

财务人员不仅帮助自主经营体做好预算，这种预算非“财务传统预算”，而是做好事前算赢；其实更高的要求是通过自主经营体的经营数字帮助经营体发现问题，并倒逼相关人员去解决问题，加快PDCA的循环，从而实现从财务高手到经营高手的转型。

不被常识束缚的会计学

1. 企业更需要为经营服务的会计学

相比财务会计而言，现在的企业开始更加重视管理会计。管理会计是未来财务人员的主流，但是管理会计也偏重于标准成本的管理控制，同时概念多而复杂，并不能很简单地就能发现经营的主要矛盾，仍然只有专业人士才能很好掌握。

一直以来，财务会计经常听到的话是不了解业务，是以管理控制思维，进行流程管控来保证企业经营结果的记录。而经营是鼓励花钱的，因为赚钱的能力大小由花钱的本事决定。

我们服务的客户YJLQ（以下简称Y公司）啤酒就曾经遇到过这样一件事，面对竞争对手BW（以下简称B公司）的强力攻势，其广西当地涌现了大批的B啤酒，此时Y公司老板W总正值夏季观察市场，视察附近的几十家餐饮店都是B牌啤酒。W总马上问起当地的一个业务员，为何不及时采取措施？得到的回答是已经向总部申请费用，但是因为上半年预算超标了，无法拨款，所以没办法。W总说，“其实只需要30台冰柜，我这个片区就能把刚来抢市场的B彻底打出去，而以后就不知道要花多少钱了。”

摊子大了，面对一线人员的实际需求，如何判别每天市场在发生的变化，预算做多细致都很难符合现实情况。“有的也是一厢情愿要降低费用，只想着把计划预测到更准确，实际上根本做不到。”“未来公司不知道得花多少钱才能把B打出去，唉，这财务控制的到底干个啥？”业务人员的抱怨时有发生。

财务人员已经严格按照预算来执行各项流程规定，规范每笔费用，可是省钱了吗？而老板真正需要的却是实实在在的经营利润。然而认真分析，你会发现花钱的权力往往在市场部，控制给钱花多少的权力在财务部，而经营利润获取的责任在销售部。这种后台拥有权力和资源，但不了解前线现场，不能支撑前线的问题已经是大企业的通病，正因如此，华为任正非才提出“让听得见炮声的人做决策”。

究其本质，老板要的不是费用控制，而是要员工敢于花钱，每笔钱都花得得当，实现销售额最大，所以财务不应仅仅做预算控制，而是更应该给业务人员的经营决策提供支撑。

就如同没有核心产品或技术就不可能有核心竞争力一样，会计人员如果不能提供有价值的服务产品，就只能处于一种核算的被动状态，其价值就是老板问你账上有多少钱。

财务教科书上非常明确，会计是用于记录经营事件和交易，并把数据整理加工成可以使用的信息，进行相应的分析。而管理会计又和财务会计有不同的目标，财务会计的重点是基于国家会计准则，向利益各方报告财务信息。管理会计是通过计量分析、编报财务信息，帮助管理人员作出决策，以实现组织的目标，主要研究的是标准成本。

但是财务会计和管理会计都是事后算账给出结果，时间太长，其环境已经发生变化，所以即使有了分析报告，对经营者来说已经没有意义。况且作为经营者更希望坏的数据根本就不应该反映到报表上，而是强调计划的预防性，因此要求数据信息应该前置，这样价值更大，就如海尔财务要帮助经营体事先算赢！

从财务会计的角度，大批量生产制造能够带来规模效应，成本的下降成为应该的常识。然而这些不是从企业经营实际去思考，仅仅用财务理论去做经验判断的数据推断，其美好的初衷往往与经营现场实际结果恰恰相反。

采购部门为了降低单价进行了大批采购，生产部门为了降低成本在进行大批生产，每个环节都在用本位主义思考，大批采购、大批生产的钱从哪来，存货增加资金占用，产品的周转率下降，规模化的大批量的悲剧每天在企业不断上演。

我们曾经服务深圳华为某优秀供应商，生产部门为了完成华为考核指标，为了赶交期，往往在周末加班也要完成产量。但是干完工后，实际是堆放仓库，由于华为原因并未及时送货出仓。仓库被更多占用，导致人工费和仓储成本增加，其利润反而降低。

企业是一个有机整体，仅从“数字”本身来看，其模块化的思维不能切合企业经营的实际。企业更需要从整体反映每一个细节的经营活动真相，从上到下，量化每一个环节每个部门甚至到每个员工对利润的贡献情况，亏在哪儿，赚到哪儿。每花一分钱究竟能带来多少销售额，多少价值，效率如何，这期花的钱对比上期花的钱有没有带来经营能力的提升。

通过还原现场来解决问题，以数据反馈的问题来帮助经营者找到谁是我们最重要的客户，我们怎么样才能变得更有竞争力等问题，并向他们提供价值。市场上存在什么样的替代产品，其特征、价格与我们的产品有哪些不同，我们最关键的能力是什么？是技术生产还是营销，均能从会计报表中找到答案。用真实现场的数据，帮助经营者采取行动，为顾客创造价值。只有这样，才能真正帮助企业的经营者、现场人员去做精准的决策。

经营的目标是追求“销售额最大化，费用最小化，利润最大化”。这与传统财务目标趋于一致，但在目标属性、过程管理和员工积极性等方面又有更高的要求。所以会计的信息和报告，完全要从经营的角度出发，贯彻经营者的意志，用能还原现场的数据，指导企业经营者或者是管理人员发现问题。

那么，经营者究竟需要何种会计？这种会计生产信息产品是何种内容？这两个问题已经很清晰：

第一，该会计的需求者：老板、经营者和全体员工。

第二，该会计信息产品：真实反映经营实际状态，以货币化数字和非货币同时计量体现，及时、准确、完整。

第三，该会计记账方式：规则符合行业特性，让全员认同。

第四，结算方式：基层组织直至个人核算其经营结果；清晰盈亏在哪儿，问题在哪儿，进步在哪儿。

第五，该会计运用方式：简单、直白看懂业务过程，直接用于指导改善经营，快速实现PDCA循环。

至此，我们就可以明白，这就是经营者们需要的会计学——“经营会计学”由此而诞生。

西方的管理会计有一句名言：You get what you measure（你测度什么，就得到什么）。你关注的是什么，就得到什么。

回到原点，作为经营者关注的是利润，利润创造归根结底是要提升企业的经营能力。所以企业更需要能真正为经营服务，提升企业经营能力、创造价值的会计系统——即经营会计体系。经营会计以企业业务为基础，实现业务与财务数据融合，从而解决老板关心的经营问题，所以才被经营者一致认可。

2. 经营会计的缘起

在企业的不断经营实践中总结出来的行之有效的会计管理体系，包括财务会计和管理会计。二战后日本经济高速发展，从西方引进财务会计体系所带来的苦恼，与今天中国企业遇到的问题相差无几，始终难以解决。

如财务会计报表账面有利润，但企业实际是亏损；赚钱了但无钱发奖金等等。与此同时，财务报表过于专业，基于国民素质无法理解，更不要说活用；甚至是业务人员与财务经常产生矛盾，达不成一致意见，所以没有多少人去看财务报表。财务报表被束之高阁，企业的经营与财务会计成为两张皮。

当年日本经营之神松下幸之助就想，如何创造新的会计学，让人人都看得懂、简单适用、能反映经营实际情况？从此日本企业开始了新的会计学的研究，所以诸如松下、丰田、京瓷、佳能、洋华堂这些优秀的企业都形成了自己特有的会计体系，这就是日本企业自己的“经营管理会计”。他们经过近百年的验证，证明这样的经营管理会计是能作为企业经营的指南针的，给与了经营者莫大的帮助。而且这门会计学并非专业财务人员学习，而是经营管理部来执掌，成为老板的经营管理高级参谋。

随着中国经济腾飞，如华为、海尔、格力、美的、阿里巴巴等优秀企业也都逐渐实现了财务与业务的融合，做出了自己的经营管理会计体系。

中国经营者并不缺乏模块化的管理方法，而缺的是系统的经营思维，我们习惯于采取打补丁的方式，很少回归原点思考去系统解决问题。

诚然，日本与中国的文化、人员素质、企业氛围、国家体制均有很大不同，但有一点的是很多经营者所共通的，就是经营者必须时刻把握自己公司的实际经营情况，才能够做出准确的经营判断。老板常常用经营者的角度思考为什么会这样？员工本应该也是如此，但却往往事与愿违。

ABC三星级宾馆的早餐，收早餐票人员经常忘记收票，造成早餐票被转让售卖或计数不清，不能反映当天的早餐营业情况和员工劳动量。虽有完善的行政管理制度和作业流程，但前台人员是否收票凭的是一种心情。这样一来发放早餐票到客房的工作人员的工作状况就无从知晓。

后来通过将早餐部与客房部做内部买卖，用经营会计进行部门独立核算，客房部早餐部将收到早餐票的数据结算金额作为早餐部的收入，此收入作为客房部的采购成本，早餐部扣除相关费用（早餐部员工工资、备餐成本、租金等）得出利润后，经过评价与早餐部员工绩效奖金相关联。这样一来，如果有客人无票、收发餐票数量不对等时，早餐部的员工就会主动找到客房部发票员尽快解决问题，同时员工的工作状况就清晰了。

好的机制可以让坏人变好，坏的机制可以让好人变坏。导入内部买卖，用经营会计算账，简单快速解决了原来通过行政指令才能解决的管理问题。

故事到这里就结束了吗？

随后早餐部员工提出，对于客人取食率较低的菜品自动优化升级，同时配以时令新鲜水果及手写的爱心卡片，此举让该宾馆早餐部6个月内利润上升12%，且成为明星部门。

将员工由依赖的被动管理完成任务转变成积极主动地参与到经营中去，这就是经营会计和内部交易机制配合产生的魅力。

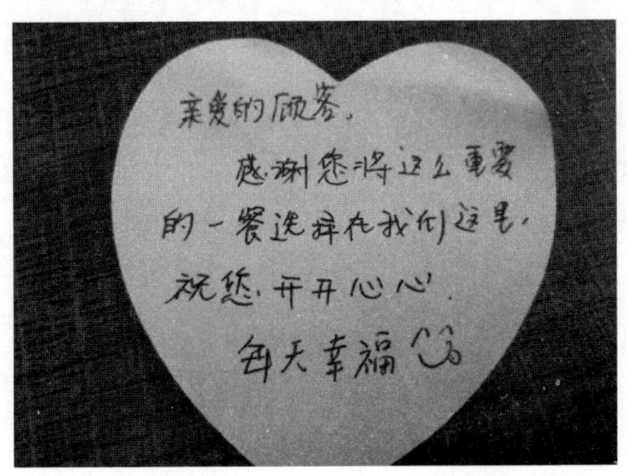

3. 重新定义会计学

现在该重新定义会计了，因此“经营会计”作为一门崭新的学科就要诞生了！

在快速变化的经营环境中，我们一定要警惕被所谓的常识或层出不穷的新概念绑住手脚。透过现象看本质，企业追求的是经营的结果，要的是实际有用能够提供指导从而做出准确判断的经营数据。我们需要向松下幸之助、王永庆、稻盛和夫、任正非等伟大企业家学习，学习他们不断叩问“什么才是经营的本质”“会计本该如此吗？”等追根究底的精神。

我们来看一个案例。

A公司是一家做生化设备的制造型企业，成立于1993年，通过近20余年的发展，成为占行业内第二大市场份额的企业。但是随着竞争日益激烈，企业规模扩大后利润始终徘徊不前，越来越看不清问题在哪里。广州道成咨询机构在对该公司调研的时候，打开一个仓库是上年的存货，再打开一个仓库是前年的存货，后面还有三个大库是前些年积压下来的存货。大量的库存商品挤压了企业的现金流和利润空间，所以存货被称为万恶之源。最为可悲的是这些存货找不到主，没人承担损失的责任。

如何解决？

我们先来分析一下这大量的库存是怎么造成的，为何会有如此多的库存商品？销售没有把握住客户的真实需求，因为销售员的工资是按销售额、按客户的回款提成。业务员的想法是库存多对自己有益无害，只要客户要货我就有，既方便赚钱又容易。快速响应客户需求便成为堂而皇之的理由。所以，企业采用根据销售回款算提成的机制，是解决不了库存量大的问题“背后的”根本原因。因为存货与员工利益无关，损失却是老板的。

但是老板一定不这么想，赚的钱全在货里压着，销售你就不能跟客户连接得再近一点。把客户需求再搞得准一点？

为什么解决不了？

因为仅有销售部门有销售额，其他部门都是成本中心，各部门工作脱节而没有实现联动，更无法量化每个部门、每个环节的利润指标并进行考核。

再来看看生产部门有没有问题？生产部门在生产商品的时候，是严格按照预算完成生产任务，做好成本控制，今年生产能力比以前提高5%，生产成本比原来降低3%或上涨1%。

每个人都没有问题，都完成了自己的工作，那么谁有问题呢？老板有问题！

这就是最大的问题。

假如你是这家企业的财务负责人，是否有办法解决该项难题？

组织中每个人都有自己的小目标，这些目标常常会与公司的整体目标偏离。比如销售追求的是回款按销售额提成发工资，而生产是在完成生产任务，老板们最关心的则是利润。

组织只有朝着一个共同的大目标前进才会走得快、走得远。就像一个人竭尽全力朝着一个方向冲刺才有可能获利成功，而组织中倘若每个人都精明地打着自己的小算盘，却没有一个形成合力的机制，这个组织是不可能走远的。

有没有一个办法可以统一公司从上到下，涵盖了高层、中层、基层的目标？

当然有！

企业经营的目标是什么，相信许多老板的回答是利润，先谈生存再求发展。

通过内部市场化将原来对销售组织的考核按销售额回款改为对利润的考核后，增加了一个会计科目，叫存货利息，即超过1个月以上未销售出去的存货，对该部门收取相应利息，超期更长甚至直接扣减为“库存贬值至零”，且与销售人员的奖金直接挂钩。

销售1部经营会计报表 单位：万元

一级科目	二级科目	金额	占比
销售额	大客户	30	
	小客户	20	
	…		
变动费	销售成本	10	
	销售提成	1	
	广告费	2	
	…		
边界利润		37	
固定费	基本工资	4	
	分摊房租费	2	
	库存商品利息	1	
	…		
经营利润		30	

这样做有什么好处？

对于销售部门来讲，你的存货太多了，是因为没有用心了解顾客的实际需求而订了很多的货，以前你不关心，现在我用一个机制来让你关心。你就是一个独立核算单位的小老板，你的考核指标按收入－费用＝利润来核算。超过三个月以上销售不出去的存货利息将会减少该部门的利润。

于是乎，老板发现了一件非常奇怪的事，以前天天老板催着去见客户都不去，现在不到月中单位里的销售部门都空了。销售人员积极主动地和客户联系："老板上次的货怎么样？下个月预计还要多少货？"再把以前积压的库存商品努力跟客户进行推荐。老板惊喜地发现，销售人员坐不住了，简直太好了！

怎么样？是否有神奇功效？

这是用市场的机制，让员工自己算账，倒逼员工成长。

这时有的伙伴可能会说，销售部门能独立核算，可是生产部门呢？

一样可以！

经营会计通过内部市场化的独立核算，生产部门也采用收入－费用＝利润来考核。

这时生产的那么多存货怎么办？

先来分析是不是以前的关注点只在完成生产任务，而完全没想过卖给谁，怎么卖？

同样的科目如果用在生产部门的费用中，生产部门会自己想办法降低生产的库存商品。同时与自己的客户，即销售人员沟通好，像宾馆早餐部的服务员，究竟要生产多少商品，生产的质量怎么样，一切用结果来说话，谁的责任清清楚楚。

生产1车间经营会计报表　　单位：万元

一级科目	二级科目	金额	占比
销售额	A产品	10	
	B产品	20	
	…		

续表

一级科目	二级科目	金额	占比
变动费	原料A	5	
	原料B	5	
	水电费	2	
	…		
边界利润		18	
固定费	基本工资	4	
	分摊房租费	2	
	库存商品利息	1	
	…		
经营利润		11	

老板呢，老板这时候应该去国外旅游开心了。“这在以前是想都不敢想的事”，C总开心地说道。

管理是强迫下属完成任务，经营是放手制造土壤让员工主动去干并拿回利润结果；管理造成的是员工追求最低目标，而经营则是让员工永无止境追求无上限的目标。

老板们都是经营的高手，想着当年从原单位出来，要么搞技术要么搞销售。常常是搞销售的技术不行，搞技术的销售不行，但没办法，都必须硬着头皮往前冲。

所以把老板们一个个的都逼成了经营高手。但个性化时代只有老板一个人关注利润已经无法让企业生存，就像一个绿皮火车头拖着沉重的车厢。而通过这样全员算账，关心利润，参与经营模式，每节车厢都有了动力，绿皮就变成了高铁。全员参与的模式满足了国人喜欢做老板的需求，你想做多少，获得多少收益都取决于你自己。

每种库存都有清晰的责任部门和责任人，通过经营会计，员工自己会算账，让每一位员工产生与自身工作息息相关的感觉，同时核算各独立经营单位的经营情况，使老板对现场情况了如指掌。通过正确可量化的经营现场数据及结果，由各层级组织想办法提升自己的经营能力。

换句话说，一个企业财务如何使用经营会计方法为企业进行诊断，给出业务部门改善的指南，这就是未来财务会计存在的意义。

3

“超越数字”的经营会计

1. 你不仅仅是财务专家

老板常常会抱怨企业像一潭死水，员工只知道按部就班地完成自己手中的工作。现在市场竞争激烈，无法核算清晰，员工创造的价值不能被量化，在大家工作的1个小时中，花了多少钱，又赚取了多少钱？因此后续人事管理就拍脑袋了。

现今的职场，衡量员工贡献的标准不是付出，而是付出的结果。从核算到管理再到资本运作，实则是财务职业的最高层次了。而真正能左右企业解决实际问题的则是经营会计。

你会发现有一小部分财务人员实现了转型，走上人生巅峰。这些人无一不是具备良好的沟通能力、解决问题的能力，真正能为企业创造价值的，和老板同频沟通、解决问题，一定是具备高水准的经营能力的会计。

数字本身不产生效益，只有将数字的差异化，用于循环改善才能促进效益提升。经营会计的初衷就是让员工像老板一样去思考，通过数字找到问题，量化每个小组织及员工的贡献价值，并在此基础上进行循环改善。

经营会计要将经营的思维应用到企业各项业务管理中，解决工作中遇到的各种管理难题。以经营目的目标为原点，协助业务部门把企业内外部的差距都找出来，通过数据形成统一沟通语言，全员达成共识，找到问题的真因，全体员工一起努力把问题消除掉。

例如：LYH饲料（集团）有限公司是湖南省农业产业化龙头企业。之前一直采用的是销量提升模式，但销量上涨利润不一定增加。为了拉动销量，公司采用买赠的促销活动，买1吨送1包，竞争对手更是买1吨送2包。

结果却是背道而驰，利润反而越来越低。对此，财务会计很难分析出问题。

通过经营会计核算发现，过去公司按销售量给员工提成工资。尽管销售额很高，但是公司无法控制员工的促销费，哪笔费用都好像该花，老板在面对大量费用单据的时候简直无从下手，导致成本节节攀升。实际上，员工是在与公司进行利益博弈。从总经理到一线业务员是算小账的利己思维，以促销换取销售额，因为只有销售量与员工提成相关，所以员工并不关心利润。

拿费用换销量，这无疑是经营能力的大退步！

而通过经营会计核算，卖得越多亏损越多，所以该公司改用边界利润和经营利润提成的模式。一年下来，公司整体利润提升30%以上。而一部分确实无法改善盈利的分公司直接关掉，砍掉赘肉成为真正肌肉型的组织。让每一个团队实现自主经营，量化贡献数据，解决老板困惑。

财务会计您不仅仅是一个“财务专家”，更应该是一个业务专家，从经营高度去看具体业务过程，才能真正站在老板的角度解决实际问题。

2. 数字是业务过程的投影

财务会计的工作是记录下来该笔经营业务，在进行核算时习惯于以公司或事业部进行核算。而经营会计通俗一点说，就像咱们家庭记的流水账一样，里面包括了每个独立核算单位的收入及支出的明细过程和结果。这也就是该独立核算小组织的经营过程、经营能力的体现。

从整体到局部，从财务的整体汇总、精细化核算改为以经营的实态来体现具体的经营业务过程，而每一个经营会计的科目就是一个汇总表。

如：采购部采购一项物资表面上每件花了10元钱，而从经营的维度来看采购费绝不仅仅是10元，还有大量的隐形费用在蚕食企业的利润，采购费10元，还有运输费折合单件1元，采购人员的工资折合单件2元，费用合计13元。数据一定要能体现整体经营业务的过程，钱从哪里来，费用包含哪些，是多是少，如何调整优化……

又如：某公司财务的销售额为100万元，这100万元是如何构成的呢？销售额其实是150万元，扣款20万元，退货20万元，赠品扣减10万元，所以仅表示100万元无法反映经营业务的过程，更没办法找到问题的根本原因。

而数字本身是没有意义的。如果说收入10元－费用8元＝利润2元。只看数字的话是没有意义的，而知道10元背后的故事很重要，10元是由哪些客户、哪些产品、哪些环节创造的，8元的成本是如何构成的，这些才是有灵魂的数字。

拿着经营会计报表，就像医生拿着听诊器、CT一样。将数据用于治疗企业的病症上，经营者看到每个数据就可以联想，像放电影一样清晰业务过程场景，才可以真正找到病根。

老板们通常习惯于从经营的角度来思考问题。经营关注是什么？归根到底是利润。

今天的市场环境怎么样，客户的分析以及竞争对手在做些什么等等，这一系列行为的产生就是一种经营决策，最后产生的结果是销售额－费用＝利润。

利润表

纳税人名称：　　　　　　　　　　　纳税人识别号：

所属时期：　年　月　至　年　月　填表日期：　金额单位：元（列至角分）

项目	本年金额	上年金额
一、营业收入		
减：营业成本		
税金及附加		
销售费用		
管理费用		
财务费用		
资产减值损失		
加：公允价值变动收益		
投资收益		
二、营业利润		
加：营业外收入		
减：营业外支出		
三、利润总额		
减：所得税费用		
四、净利润		

单位负责人：　　　　财会负责人：　　　　复核：　　　　制表：

常见财务报表格式

销售额	销售总额	150
	扣款	-20
	退货	-20
	赠品	-10
	销售净额	100

经营会计体现形式

每一个决策，都会产生一系列经营活动，经营行为的过程和结果一定会产生数据，所以经营会计是一本流水账，每一个经营数据都是业务过程的直接投影。

3. 人人都会算账

既然企业存在的意义是为客户创造价值，在为客户提供价值的同时，经营目标就是获得利润，那么，为何只有老板一个人关心利润呢？全体员工如果都可以关注到企业利润的提升，企业利润必然会得到极大的改善。

如何由老板一个人关注利润，到全体人员都关注呢？日本京瓷的“阿米巴经营”、华为的“铁三角”、伊藤洋华堂的“分柜台”、韩都衣舍的“三人小组制”、松下“U型生产线”、佳能的“Cell-Line”、海尔的“人单合一”的独立核算经营体制，都是把大企业划成小组织，每个小组织就是一个经营体，对每个小组织进行独立核算。通过全员算账，彻底将原来的被动管理转化成自主经营。员工的经营意识得到提高，从一个打工者转变成“小老板”，人人关注到公司整体利润的提升。

而这种把大企业划小的经营模式，通过内交易，导入独立核算，实现了全员参与经营。之所以能全员学会算账，其背后就是每个企业都有自己特有的经营会计体系来支撑。因为经营会计简单，流水账每个员工都能看懂，所以全员都会算。

成功的老板都是算账锻炼出来的，通过全员算账从而培养员工的经营能力，解决老板们一直苦于没有经营人才的问题。

人才从哪里来？人才从实践中来！通过算账的方式逐步锻炼出来的员工经营能力，同时多考虑对利润的驱动激励因素，从而拓宽业绩管理的视野。用经营意识来促进管理，用经营思维解决管理的难题。

所以经营会计体系中采用两种基本视角：

（1）综合体系化　（2）问题导向

第一，从经营的整体性出发，看清影响利润的主要矛盾，将问题分类为战略战术战斗、对外和对内、轻重缓急。

第二，着眼于现实和业务实际，分阶段分步骤解决。

重点要突出，联系实际，看清企业经营状况，找出实际问题，帮助企业的经营能力和业绩提升，最终的落脚点是快速、大量培养企业经营人才。

4. 反映经营实态的会计学

后信息化时代，经营业务越来越复杂，不经意中组织价值创造效率降低，出现严重的浪费，经营已经非常危险，但是财务会计数据很光鲜。企业的实际经营能力与财务会计体现形式严重不符，造成了虚假的繁荣。

价值也是体现“权责利统一”的状态，越来越多的管理者感叹从财务报表数据无从下手，无法对小组织和人才价值贡献进行有效衡量，而经营企业根本就是经营人心，没有有效的会计信息，如何能做到公平、公开、透明的评价呢，人心如何经营好呢？

大多数的会计人员都是具有相当熟练专业技能的业务能手，然而实际工作中却常常无法让老板满意。问题究竟出在哪里呢？例如：

企业采购一项资产实际折旧是3年，而会计上要求按10年计算折旧。

企业有库存商品30万元，实际上新产品的迭代造成该笔存货一分钱都不值。

应收账款有200万，实际可能一分钱都收不回来。

更有甚者，财务会计上有利润，但这个企业就要倒闭了……

所以往往老板会对财务的工作不甚满意，账上有利润交了税，但我又可能没钱发工资，你这究竟算的什么账？

以上种种均为企业实际经营中遇到的问题，而不论设置多么繁复的流程，对于组织来讲如果不能从根本上解决问题，都是资源的消耗。

数据的产生是为了改进计划和决策。清晰了解经营实态会是每个经营者的迫切寻求。依据能反映实际业务的数据，对现状进行分析，从而激励全员不断进行改变与创新。所以经营会计是由各独立核算单位，也就是一线人员填写数据生成的会计报表，全员对自己所掌握的数据一目了然，这样每个人看到经营会计的数据就像放电影一样，呈现出业务的全过程，就知道如何进行账目处理。同时生成符合实际业务的经营会计准则，来保持全员沟通和对现场情况认知的一致性。

各行业的需求和关键痛点都不一样：餐饮企业想要快速开店批量复制；工业企业要优化流程，减少生产成本，提高人员效率；服装行业面对积压的大量存货常常想快速解决存货……

所谓经营就是活用费用，采取最有效的策略拿回更大销售额的过程。而会计核算仅是工具和方法，背后的根本则是经营思想的体现，帮助企业找到未来经营方向和策略。从这个角度上讲，经营会计其实不是会计，而是数字经营法的表达，因为所有数字都是流水账，通过流水账来反映企业经营的场景，便于直白地发现问题，披甲精进。

总　结

化被动为主动，既然都要变，遇到变化时提早一步做准备，有机会掌握自己的命运，主动引领时代的变革。

再次提醒财务工作者和所有的经营管理同仁——

❶不再把财务工作理解为核算或是管理，让经营思维成为全员的一种思维习惯，并变成经营行为准则。

❷不是简单用KPI或是财务指标做考核，更应该做小组织经营直到个人核算和评价激励。

❸以数据作为沟通媒介，组织上下用共同的标准来对话，给团队清楚的方向与目标。

❹以利润为目标，让小组织目标和企业目标统一。个人的目标与小组织目标统一。

❺如果你只关注成本，你就只是会计，你本身就是成本；如果你关注利润，你就能创造价值，你就是价值。

❻打破会计的常识，经营会计为经营而生。

❼企业更需要能反映经营实际状态的会计学。

❽智能化来临，会计组织和会计岗位将面临新的挑战，经营会计学必将成为您转型升级的利器。

❾人人参与经营，学会算账，全员关心利润，让员工像老板一样思考、决策和行动。

❿经营会计实现内部交易，进行小组织独立核算，能将复杂管理问题简单解决。

⓫经营会计本质是数字经营法，而非财务会计的“会计学”。

⓬会计的每一个数字就是业务实际过程的投射。

⓭经营者应该像放电影一样看会计报表，才能真正指引企业的实际经营。

⓮财务会计部门应该成为变革的牵引力，彻底使财务与业务融合，才能真正产生价值，成为老板的参谋。

⓯经营会计是一线员工自己形成的数据报告，才能真正成为指导一线经营的指南针。

第二章

不需要财务知识的会计学

人们通常被所谓普遍“应该的常识”所羁绊，而放弃追究事物本质。哥白尼挑战权威创立了太阳中心说，从此改变人类对宇宙的认知。会计学本就不是会计专业人士的专利，往往最朴素的追求离真理更近！

——田和喜

1

半小时学会经营会计

1. 小卖店的会计学

常常听到老板说：会计说我赚了100万元，但是，我赚的钱在哪呢？资产也有可能是负债，也就是100万元利润确实是赚到了，但却是由库存和应收账款构成的。 库存不能体现利润，却还要承担若干管理费、搬运费、清洁管理费。应收账款是否能够全额收回，先要打个问号。

原来，在许多中小企业中，老板对利润的计算方法，与财务会计有着根本的区别。以服装批发为例，老板只看当年赚了多少现金，至于库存，权当是积压归零资产，不会把它看成利润的一个组成部分，甚至有的老板把应收账款也从利润中直接扣掉。

将结构单纯化，才能清楚地比较差异，再怎么复杂的交易，只要单纯化就能看出它的损益结构。

老李在社区内开了一家李记小店，经营鱼、肉、蛋、菜，还兼卖点饮料、矿泉水，刚开始的时候，老李自己进货，和老伴儿一起经营。后来随着生意做起来了，老李发现资金不足，人手也不够，就邀请表弟小刘过来帮忙。小刘业务越来越熟悉，两年后老李想将部分业务交给小刘，激励小刘认真干，多劳多得。 每天收入多少现金很清楚，有时儿子放学还不拿钱吃店里的零食。如此一来，只知道总体赚钱，但又不知道哪个业务、货品最赚钱。如何区分小卖部的各种品类收支和盈余？于是老李想到了将各个品类分开进行核算，鱼类的收入额度较大，于是考虑资金要多投入，这样一来就与小刘合营，两个人五五分成。

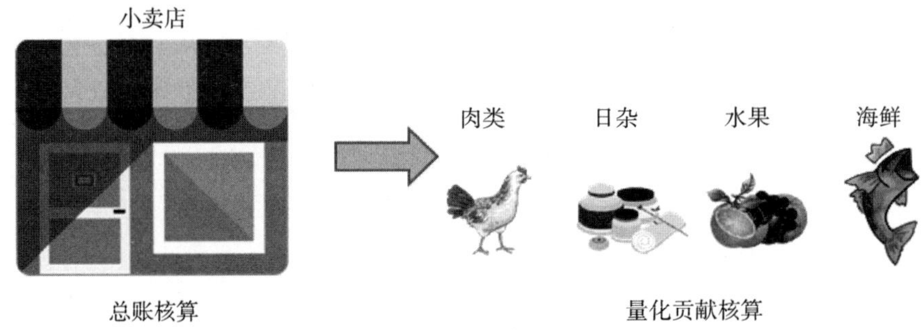

这大概就是会计的本原，流水记账，收入减费用等于利润。虽然是最简单的核算方法，但这才是真正能反映业务的实际状态的会计，也是老板作为经营者最朴素的经营思想。

2. 经营会计的流水账

经营会计与财务会计的应用对象不同，其构造方式也不同。依据小卖店模式设计的经营报表非常简单，不懂财务知识的员工也很容易看明白。财务会计按照国家准则，采用复式借贷记账法，其目的是记录下一笔经营业务——钱从哪里来到哪里去。

经营会计不用复式记账法，而是用业务流水记账法。简单地按照财务会计收入－费用＝利润公式，收入是由什么构成的，费用又是由哪些支出，依据各小组织的实际经营业务，由当事人填列，是以记录下整个经营的过程为目的而填写的数字。

用最简单的原理解决企业的难题，该经营单位就像是一个小超市的鲜鱼销售部门，收入多少，由哪些构成？而该单位直接产生的费用又是多少，又由哪些费用构成？再扣减掉分摊的各项费用后，直接核算出该部门创造了多少利润。

海鲜部门3月经营会计报表

<table>
<tr><td rowspan="3">销售额</td><td>大鱼</td><td>20</td></tr>
<tr><td>小鱼</td><td>10</td></tr>
<tr><td>…</td><td></td></tr>
<tr><td rowspan="5">费用</td><td>采购成本</td><td>5</td></tr>
<tr><td>场地租金</td><td>5</td></tr>
<tr><td>基本工资</td><td>2</td></tr>
<tr><td>分摊水电费</td><td>1</td></tr>
<tr><td>…</td><td></td></tr>
<tr><td colspan="2">利润</td><td>18</td></tr>
</table>

在整个商业运作中，企业就是一整块地，而耕种者需知哪块地产量大，哪块地产量小，经营亦是如此。然而，很多企业家虽然在商场上滚打多年，但是对于企业赚钱是怎么赚的，亏钱是怎么亏的，往往是一问三不知，心里是一笔糊涂账。

我们经常看的财务报表都是从公司整体出发，而非从单个部门核算盈亏，就算是分部门也是从财务会计的角度出发，无法细化，看不清哪个产品、客户、部门、生产环节赚钱还是亏钱，不能给经营者提供分析和决策数据。这一切都是因为没有通过内部交易进行独立核算，用数字统一经营的语言，对各组织用销售额－费用＝利润这一简单原理核算造成的。

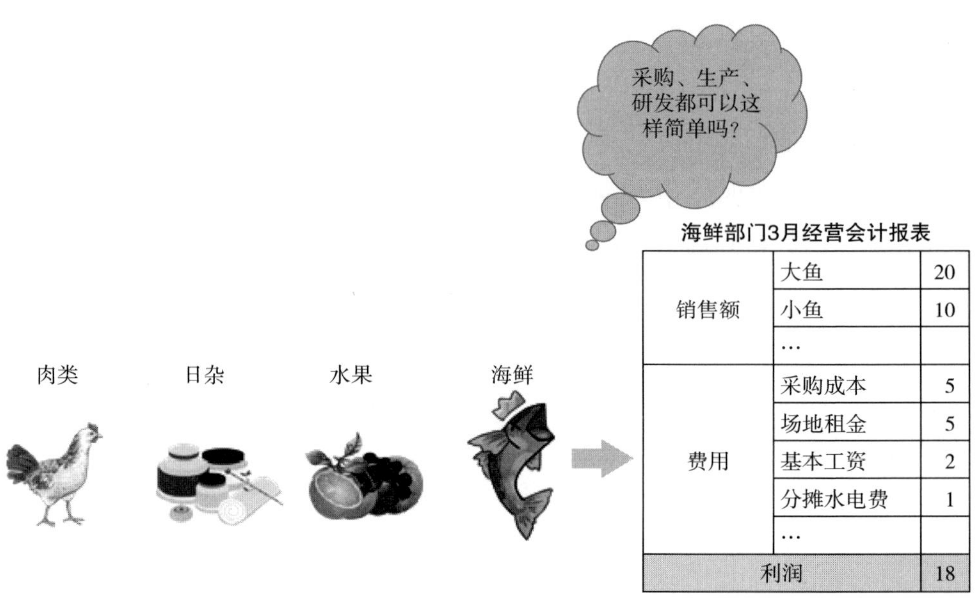

海鲜部门3月经营会计报表

销售额	大鱼	20
	小鱼	10
	…	
费用	采购成本	5
	场地租金	5
	基本工资	2
	分摊水电费	1
	…	
利润		18

通过简单的经营会计报表，老板首先会非常清楚各个环节究竟创造了多少利润；其次，员工会感觉到是为自己做而不是为老板做，找到主要问题，循环改善的落地点就从这里开始。

例如，道成咨询机构服务的客户CXJG主要做机械模具，从最开始的创业期至快速发展期，再到迷茫期，主要面临了以下这些问题：生产现场成本过高，企业大幅扩张后利润率下降，特别是外聘来的高管没有经营意识，只有控制成本的思想，为了完成KPI考核指标和生产任务而申请购买大量新的生产设备，企业面临的困难重重，生产效率提升了，但结果利润却下降了，而且很难回收高额的资产投入。

一定会有更好的方法……

通过简单的经营会计报表，将生产部门由成本管理改为：收入－费用＝利润的核算模式——

对于当年需要采购的一项设备，经过测算，新设备购买价格300万元，其实就相当于需要老板投资300万，而这笔钱究竟是否应该投呢？

财务会计对于设备的折旧费计算期间按税法规定10年，经营会计则是按实际提供服务的期间计算，该款设备更新快，实际预计使用期为3 年，每年折旧费用100万元。

如果老板投资了该项设备，相当于丧失了投资其他项目的机会，这是机会成本。以前没有这种意识，所以对该项资金的使用利息按该10%/年计算，即一年的利息费用30万元。

该负责人用收入－费用＝利润的公式一算账，如果该项设备实际提供的经营收益大于投入，他会照常申请加设备。如果每年的利润是负数，则不合适，他会考虑用二手设备替代或其他的优化方式 。

生产车间预估全年经营会计报表　　单位：万元

一级科目	二级科目	金额	占比
销售额	A产品	80	
	…		
费用	A原料	70	
	员工工资		
	水电费	7	
	折旧费	100	
	资金使用费	30	
利润		–72	

对经营结果－利润负责

当年由采购新设备转为二手旧设备节约资金240万元，且生产效率提升3%。

以前对于生产部门都是以完成生产任务考核，造成销售与生产脱节，生产不关心利润。通过对组织的由大化小，对小组织进行独立核算，让员工从“被动管理”到“主动参与经营”，通过经营会计报表让员工关注销售额、成本、费用以及利润，到底是亏钱还是赚钱，到底亏多少，到底赚多少，流水式的账目加减就会一目了然，而且很容易用数字统一沟通语言，公司从此告别糊涂账。

3. 流水账汇总而来的经营会计报表

企业竞争异常艰难，老板和员工们都需要清楚地知道方向，及时觉察经营风险。原来财务会计账面上的利润2000万，可能还没有钱发工资。利润——一个简单的阿拉伯数字左右了很多人的命运。股东回报率靠它，职业经理人的业绩靠它，然而这么重要的利润，实际上在企业经营中根本不存在。它看不见摸不着，比如会计账上的利润说有100万，但拿它去超市购买一袋儿大米好像都无法做到。

而换一种思维方式，将会有不一样的天地。对于一个这样抽象的会计数字，现在越来越多的上市企业采用经营会计来辅助经营。

数据由经营一线的各组织部门填写，小组织的数据收集，即从不同的来源和渠道获取各种原始会计资料、原始凭证及记账凭证等，如公司在某日仓库的进货量金额是多少，某产品的产量、成本，某项目的支出费用等，这都是一线的会计数据。

时间维度：小时、日、周、月、季度、年度

部门维度：小组-部门-区域-公司

其他维度：客户、产品、渠道、品牌

从企业实际需求出发，各级核算组织以小时、日为核算单位上报，小组或是作业的各环节每日填写表单，每周汇总上报提交。

部门层级以天、周为时间，汇总各小组提交表单，统一数据，发现问题，及时改善。

公司层级以月度为时间，分析各部门当月经营业绩情况。

为保障数据质量，满足决策需要，这些会计数据包含了组织内外的资金变化信息和物资资源交易等信息。各小组织负责人通过对会计数据进行改善分析，可以判断如何降低成本，优化作业流程，提高收入；中高层经营者可以对行业竞争优势和经营水准进行分析；核心层经营者了解企业在产业链中的位置，判断企业是否需要沿产业链向前或向后延伸。

通过各小组织每日、每周、每月汇总而得来的这些数据，制作不同层级的经营会计报表，并根据这些数据来开展经营。会计部门和各类信息使用者可以依据各自的管理权限，方便地进入数据库的相应层次，运用预先准备好的专用软件，自动查阅、采集所需的经营会计数据。

在企业内部会计数据和信息资源共享条件下，通过对历史数据和当前数据的汇总、归纳、推理，尤其是对经营会计数据进行联机分析处理，可以得到各个层次的财务决策信息。

经营会计数据反映企业的真实经营状况，让所有组织成员都掌握每天的经营实况，帮助经营者及时作出决策。

经营会计与财务会计汇总报表最大的不同在于，它能进行小组织核算，并加入了时间元素，即使最小的利润单位，也能采取单位小时附加值核算。

一目了然的会计系统

1. 用数字统一沟通语言

很多时候公司无法达成一致，你说你的，我说我的，并不应该完全归结为文化的问题，也许是没有形成共同的标准，如同说汉语与讲英语的人永远谈不到一块。如果标准缺失，评价不一致，也就无法对话并达成共识。特别是中国的中小型企业，面对经济高速增长的30多年，大家都要去思考100个人变成1000个人以后怎么去经营，怎样建立共通的“沟通语言”？

SFT公司成立于1988年，是以头发防脱、面部洗护及身体护理为一体的大型化妆品集团。该集团老总在与作者聊天时讲到让其最为头疼的即是每次的会议。

公司会议是一种什么样的情景呢?

生产讲的营销听不懂，营销讲的生产不爱听。每个部门都有自己的思考模式和语言标准KPI等，生产部门围绕Q（品质）、C（成本）、D（交期）讲，品质如何，成本降低，而品质好了企业却并不一定赚钱；销售讲销售额、应收款、投诉率、满意度、客户流失率、重构率等，同时希望生产部门尽快提高交期，而这可能造成公司库存的积压。不但如此，营销认为库存过大不是他们的错，错在生产Q（质量）、C（成本）、D（交期）没做好，订单不好接；而生产部门感觉很冤，采购成本高、原材料品质不稳定；此时采购部有意见说是财务部没及时付款，财务按捺不住，销售应收款没收回，我们都已经拖了3个月了，还要如何做呢？每个人都有理由，似乎都付出了努力，但企业不见利润增长……鸡同鸭讲，各自都在演着独角戏，只有老板陷入沉思，开始发话"一切都是我的错，以后业绩分析会不开了"。

上述现象，部门经营管理者之所以敢于推卸责任，本质是没有一套有效的量化手段来衡量每个部门的价值贡献及进步程度。同时各部门从管理上采用不同的衡量标准，因此无法有理有据达成统一的认知，所以公说公有理，婆说婆有理，老板无法裁断谁对谁错。本来是分析改善分享会，最后开成了"责任推卸会"。

怎样用同一种语言，同一套完整的系统思考方式，使公司各部门实现上下同欲，达到整体配合的效果，促进利润最大化呢？

经营会计就有了用武之地！

首先，让采购、生产、营销、物流等价值链上的各部门进行内部交易，确定交易价格，于是每个部门都有销售额，同时又有各自产生的成本、费用，这样一来，销售额－费用＝利润，于是就生成每个部门乃至每个工序小组都有自己的利润表，经营会计的损益表就诞生了。

让经营会计报表变成能体现出每个部门、小组织的努力过程及结果，如此一来，人人皆为经营者，量化小组织贡献了多少利润以及增量利润，以此拿回属于自己的收益奖励报酬。从而全员都在思考如何为企业创造利润，在算小账的同时也算大账，最终统一整体目标。

之前按财务会计思路做出的报表普遍性较低，每个部门给出的报表项目和分析标准不一，无法统一评价。况且大家对成本数据都有所怀疑，因为数据是财务会计提供的。

如果业务部门自己来做独立的经营会计报表，就不存在这一问题。转变以后用经营会计报表，一线部门核算表都是战斗单元小组依据简单流水账形式的报表，清晰记录收入、费用及利润情况，如果加以人工、时间，就更清晰工作效率了。这就是战斗层小组织的“单位小时核算”，日本京瓷阿米巴单位就是这样的核算模式。

中层部门，战术单元管理者通过阅读及汇总小组织的经营会计报表，马上就能知道经营成果，从而有效地帮助经营者进行科学决策。

高层部门，战略单元通过阅读各中层部门汇总得来的经营报表，清晰战略目标的达成情况，了解各层级的经营现状，从而对事业构造和各业务单元的发展做出合理的决策。

内部交易加上经营会计导入的小组织独立核算，可有效解决公司长期存在的决策效率低、成本逐年上升、考核没有量化依据等令人头疼的管理问题。

如此一来，SFT公司再开绩效分析会，大家就以各自经营会计损益表展开分析，并形成共通分析模型，开始有了一致的经营思维，人人都能听明白其他人的数据分析，经营会计的数据成为了大家沟通的桥梁，因为算账有了统一标准。

从此每个部门只讲自己的优缺点和改善规划及上期的经验，会议真正开成了分享会和改善会，老板笑逐颜开；当然会计人员也高兴，再也不会被抱怨数据的真实性，各部门报表数据都是各独立核算小组人员自己填报，员工与企业的信赖文化逐渐形成。

2. 经营会计与财务会计的区别

企业管理者常常无法从汇总的财务数据中找到可以直观地分析并解决问

题的方法，从而如何把有限的资源在这样多变的市场环境中进行投入，并发展新型业务。

企业经营有以下几大困惑：

①利润微薄甚至亏损；

②人浮于事，组织效率低下；

③部门各自为政，部门墙厚重；

④到底哪盈哪亏，一笔糊涂账；

⑤销售额增长缓慢甚至快速下滑；

⑥面对“＋互联网”的新商业模式，无所适从。

为了让全体员工都能够站在老板的角度不断思考“如何提升业绩，降低费用”，哪些地方还存在改进空间，采用经营会计系统，就像照妖镜一样，立即就能发现企业的问题所在。及时准确地做出经营决策，并实现了通过量化的数据来贯彻经营者意志的难题。

曾经有次现场的培训课，共有536位学员，台上的老师问当大家能看懂财务报表的请举手，只有13位学员举手。再问，非财务专业的，只有8个人，还有很多的老板都感觉算得不对，因为会计说账上赚了800万，税交了200万，结果老板还得去银行贷款。可见“赚钱”和有“利润”是两码事。

所以经营会计完全是从经营的视角出发，简单易懂且科目设置灵活，并且将公司高层、中层、基层的目标进行统一，全部朝着一个目标前进，回归到经营的本质，帮助企业获取利润。这是经营会计体系V1.0版旨在看清问题、全员参与；经营会计体系V2.0版，提高系统性解决问题，生成固定分析模型，形成全员参与的经营；而V3.0版则是为企业培养理念一致的经营人才，彻底将理念与算盘融合。

那么经营会计损益表是个什么样子呢？它与财务会计有何区别呢？让我们看看其真面目。

财务会计的损益表	
年　月　日～年　月　日（单位：万元）	
1. 营业收入	××××
2. 制造成本	×××
（销售成本）	×
3. 营业总利润（毛利）	×××
4. 销售费用	×××
5. 一般管理费用	×××
6. 营业利润	×××
7. 营业外损益	×××
8. 本期损益	×××

↔

经营会计的损益表	
年　月　日～年　月　日（单位：万元）	
1. 销售额（收益）	××××
2.　△变动费	×××
3. 边界利润	×××
4.　△固定费	×××
5. 经营利润	×××

从总体上来讲经营会计与财务会计区别如下：

维度	经营会计	财务会计
构建理念	贯彻经营者意志	国家意志
核算对象	企业实体，按运用层级的需求确定，可以直接核算到最小的价值创造团队	公司法人主体
谁来使用	各级经营者	股东、财务人员
制度依据	企业自己的《经营会计制度》	国家强制的《企业会计准则》
针对性	原理相同，报表定制，针对性强	便于税收管理，企业普遍通用
核算周期	每月，每天，甚至每小时	通常每月核算
运用特点	表单少，通俗易懂，与工作紧密结合，每位员工都能看明白，简单易懂易用，自我分析问题、寻找原因、制定对策	表单名词与内涵复杂，专业人员才能看懂
运用效果	时刻反映企业的经营实态，进行战略、战术、战斗全方位分析，直接反映出企业竞争力水平，一眼洞察到经营根本问题	无法反映经营实态，难以直观简便分析经营问题

（1）核算周期

财务会计报表一般以事前预算，事后结算，且一般以月度、季度或年度为周期，对过去一个较长周期的财务数据进行统计分析，所以存在严重的滞后性。而经营会计报表的目标是及时反映各独立核算单位、各层级班组、车间、部门组织乃至企业整体的经营情况，所以核算周期以小时、日、周、月为周期，及时反馈经营情况，对不同层次组织周期，随着企业信息化和经营管理水平的进步，其核算周期会逐步缩短。

现在有些公司的经营会计报表，战斗层级细胞利润组织甚至已经做到了以日、小时为单位，华阳精机、京瓷、洋华堂等公司运用“附加值单位小时核算”已经成型。

思考：经营会计报表以日、周为单位有哪些好处？

举例：B公司是我国一家以生产经营医疗器械和消费类电子产品为主的多元化经营企业，其彩电业务与市场上出现了同类竞争品类，竞争对手因为一项黑科技的研发生产，导致市场上的某系列产品销售价值甚至比出厂价还低。但因为部门墙等原因，生产与销售衔接沟通不及时，B公司的生产部门还按原定生产计划生产，并在2个月后进行调整。于是该生产部门这2个月生产出来的库存商品很有可能成本都无法回收，且成为积压商品。

思考：如何及时看清，灵活调整策略？

内部市场化使得生产部门与销售部门由行政关系变成了契约及客户关系，而且划清了材料库存由生产负责，成品库存责任由销售负责，以周为单位的核算经营利润。生产部门每周及时与销售部门沟通，当市场上有了低价竞争对手，马上就可以在报表上反映出来，“销售额”开始下降，而且“库存利息”增加，销售系统就会立即与生产沟通，及时反馈市场情况，生产系统就会采取适当对策。

（2）灵活性

财务会计及报表要求符合国家相关法规，所以很多老板说会计贯彻的是国家税务局的理念而非自己的，而经营会计使用对象为内部各自主经营小组织到高层、老板，所以科目及报表数据只要符合内部《经营会计准则》规定即可。因其根本目的在于，通过利于企业直至利润获取的最小单位的经营业务为出发点，记录下经营活动的过程及结果，用以循环改善，并统一内部的沟通语言，反映企业实际经营水平，帮助企业提升经营能力。换句话说：老板更认可的是经营会计计算出来的利润。

财务会计只有纵向科目，其所列项目和定义必须符合国家财税法规；而经营会计科目分为横向和纵向科目，纵向科目按照企业的业务展开过程和特点来列项，本质不是会计科目，而是业务活动科目；其次是它的横向科目可以按照组织结构部门直至创造利润的最小细胞单位、商品、客户、区域、品牌、业务模式、渠道等诸多分类的项目来设计；所以作为经营者，会时刻按照自己分析的需要做出不同的经营会计报表。一言以蔽之，就是按照经营者数据信息的获取和运用整体过程的需要来设计报表体系、分析模型。

思考：如此灵活的经营会计，原有财务和ERP能支撑吗？

（3）维度交叉

对于各自主经营单元，可以先看出实际的经营情况，再按客户、产品、区域、收入、成本、费用等实际情况进行多个维度分析，找到自己真正未来的发展方向。

一个产品赚钱，一个客户赚钱，一个区域也赚钱，为啥公司就不赚钱呢？

问题就在于产品赚钱一般财务会计看的是毛利润，但是再减掉各项期间费用，公司就不赚钱了，再扣掉存货占用的货币资金，老板有可能就得出去贷款。

一个客户赚不赚钱？赚钱，表面上看都赚钱。

LXYP是Y总与著名家电MD和知名农牧XXW集团合资设立的一家调味品行业集团公司，面临的主要问题是每一个客户都赚钱，但是成立5年的公司不赚钱。其东北区一大客户年销售额2个亿，大客户能压价，财务数据上看虽说毛利率很低，但总归是赚钱的。

通过多个维度分析，为其服务的2000平方米仓库有4个，租金800万；服务团队20人，年成本240万；资金使用费310万；外聘80万年薪高管1名，80%的时间都在服务该客户。

该客户产品结构多为低毛利产品，通多维度交叉分析，对该客户理出了其经营会计报表，问题马上浮现出来，原来根本不赚钱。

现在该把你的垃圾客户、垃圾员工、垃圾费用、垃圾业务送到竞争对手那里去了。

（4）精细化

经营会计是要反映经营的实际状态的一门会计体系，它的每一个数字都是业务活动的直接投影，因此对每个管理活动都需要有充分的记录。当每一笔费用产生时，会计账务的记录必须满足数据描述的完整性。

完整性的程度决定了核算至那个组织层级及整体数据信息的颗粒度大小。就像对于一个人的描述一样，一个人的生物学特征描述有：性别、年龄、肤色、体重、身高、血型等等，只有完整描述了各个维度分析才能精准。

我们出差，会产生费用，而传统的财务报销单据往往是财务部门购买的通用型报销单，所填数据非常笼统，导致后续业务分析时无法分清，因为描述维度太少。因此至少要表达出这笔费用开销到部门、业务、产品、订单、客户、区域、品牌等等，才能为后续精确分析创造条件。

由于传统财务会计只需要经营的结果，进行汇总出表，给到投资人、银行、税务等机构即可。

所谓经营会计的精细化是指对经营活动的过程每一行为轨迹都产生数据记录，这就是今天所讲的大数据。而这样的数据要求财务和业务流程能进行高度融合，同时通过数据记录又可以促进业务流程的优化，达到财务和业务的相互促进。为此，很多大型企业把“经营会计”也叫“业务会计”。

3. 经营会计是一门系统会计学

经营会计体系是与企业整体经营管理制度息息相关的体系，一张简单的报表背后是一整套保障机制，贯穿事前计划、事中控制、事后分析的报表，确保实现数据的完整性、及时性、真实性。

好的激励制度会促进员工成长，带来的结果一定是公司成长。节约成本并不是最终目的，企业经营能力的提升才是目的。经营会计报表有时候就像是一个体检报告，告诉企业经营的问题以及机会所在。让员工学习站在老板的角度，解放老板，使其感受到经营企业的乐趣。

表面上看经营会计最后是一张表，实际上经营会计报表则是整个经营活动T/S-PDCA的循环过程都要极其精细化管控。没有计划就没有管理。T-目标、S-标准、P-计划、D-执行、C-检查、A-改善行动。那么一张简单的经营会计报表是如何贯穿，简单而且能让每个层级的组织都能很好地运用呢？

下图所表达的是所有价值链及功能职能部门都要围绕“经营主脉”来运行各自独立核算单元的PDCA；而“经营主脉”就是“从经营理念明确、策略定位怎样赚钱、组织设计及细分组织、经营会计体系导入、量化赋权赋能、企业内部交易、各层级组织绩效管理和评价激励”。

所谓经营主脉就是贯穿到企业所有层级组织的一条运营主线，这条主线犹如人体的“任督二脉”，把此主脉打通，人气血就通，企业利润自然而来。

经营主脉是企业的整体性运作主线，一切都直指利润和理念。

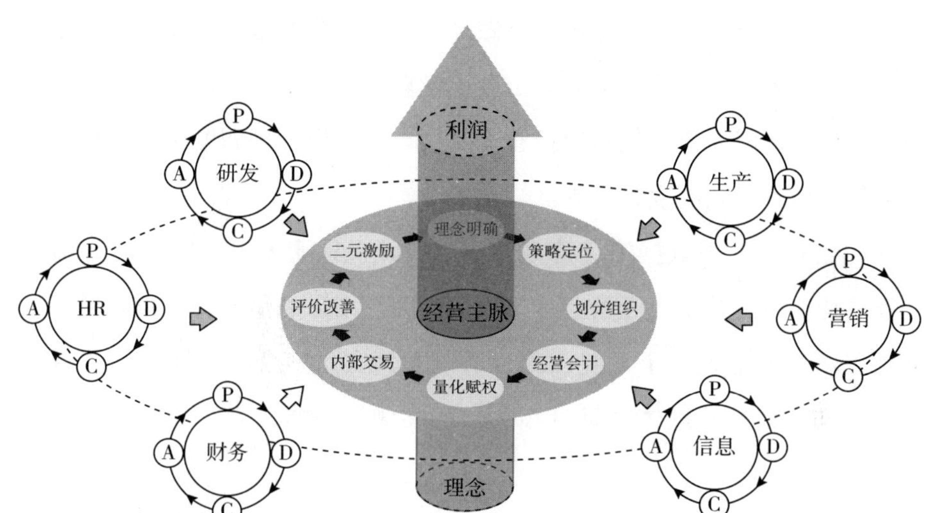

各独立核算单位PDCA都是围绕“主脉”同频率展开，就是从“研发、生产、营销、人力、财务、信息”等所有单位以企业整体共同目标来经营，不断促进“PDCA”的循环。如下图所示。

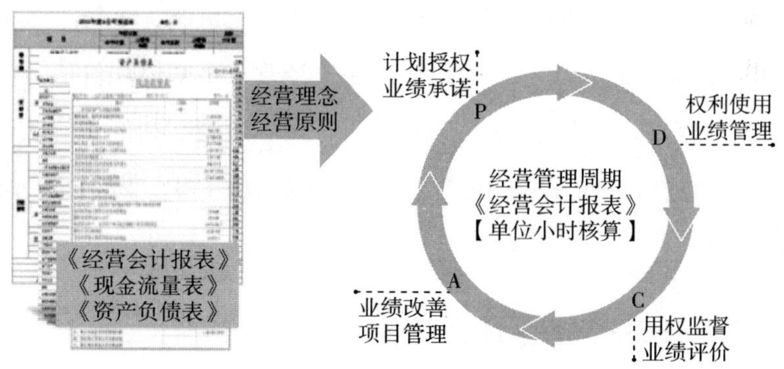

要让PDCA循环起来，一张简单的报表就可以了，然而要让大家都来用这张经营会计损益表，首先必须像财务会计一样制定企业自己个性化的《经营会计准则》，这样才有一致的数据定义、采集、汇总、分析、传递、应用等一系列的标准。同时要用此表做计划，必须有相应的机制来配套保障数据获得能按

标准执行。如：要把计划做好最少需要《费用的报销制度》《经营计划管理制度》《量化分权制度》；执行过程要做好也需要《业绩管理制度》《统计管理制度》；检查评价也需要《绩效分析会议管理制度》《审计监察查制度》等；要做好评价改善就需要《创新项目管理制度》《知识管理制度》《组织绩效评价制度》《绩效考核制度》等等。

除此之外，关于数据信息管理的权限设计及保密要有清晰规定。由此，我们很清楚地得出结论，经营会计报表只是经营结果的呈现，要得到最终的结果并加以运用，也是一个系统工程，所以它其实是一个完整体系，并且这个体系和业务体系的管理体制息息相关，最终融为一体，为企业经营分析决策服务。

所以说，经营会计是联接企业各个环节的一门系统会计学，通过一张简单的损益报表，将各部门原已存在却未突显的症结自动暴露出来，并系统传导影响企业整体利益，将战略战术隐藏的问题清晰地浮现出来。

企业存在并不拘泥于某种固定的形式，而是处于不断的变化之中，不断的循环优化，通过时间不断完善。积极的评价、分配机制，令每个人都想成为团队中的英雄，优秀的人才会自动凸显。通过经营数字来体现价值贡献，用数字与激励机制配套真正地去改变大家。大河有水小河满，利他才能获得更好的个人收益，从而进入正向积极的循环。通过算账，做中学，做中悟，加深每个人对经营的理解。

4. 经营会计与管理会计的区别

管理会计有着比较长的历史，它起源于欧洲为庄园主管理庄园。管理会计体系20世纪40年代在美国成型，50年代末引进日本。管理会计的应用对象是对成本进行标准化管理，成本管理的出发点是：①参照过去的数据，以过去的数据为标准；②以产品的管理为对象；③对产品的成本的详细构成进行分类，然后根据参考值进行管理。成本管理是制造业企业必须要做的。经营会计的对象是经营活动，不是参照过去的数据，而是参照企业将来的目的、目标，管理的对象是企业的经营活动，是按照经营活动的战略、战术、战斗分层次的连贯地进行管理，所以不要用管理会计思维来理解经营会计。

管理会计与经营会计的对比

管理的对象项目	管理会计	经营会计
核算对象	以产品为对象	经营活动和多分析对象
参照标准	根据过去的数据	根据将来的目的、目标
管理关注点	按照成本的构成标准来进行管理	按照经营活动的战略、战术、战斗连贯性进行管理
项目区别	边际利润	边界利润
执掌部门	财务部门	经营管理部、企管部
理念	标准化成本管控	贯彻经营者意志
研究重点	重视节流	相比更加重视生产力提高及开源
独立性	依附于财务会计	独自的核算准则
意识形态	成本管控	赋权经营

3

经营会计职责与执掌

1. 谁建立经营会计体系

财务会计要有专业财务人员作业，而经营会计由于使用目的不同，其与财务会计最大的区别在于由最开始的财务人员制作转化为各小组织来参与制作，及时反映各独立核算单位的经营情况，并且通过经营会计报表量化利润贡献情况，让员工参与到企业的经营中来，激活全体员工的经营意识。而对于注意力的投入，相信50分的注意力与80分的注意力，对利润产生的效果一定大不相同。

经营会计体系由谁建立呢？负责部门又是如何运作的呢？

2. 经营会计的主管部门

经营会计的主管部门通常被称为“经营管理部”或“企管部”，或者称之为“业务会计部”等等。小企业经营管理部长可以由财务总监或助理总经理、副总等兼任；大规模企业必须独立设置经营会计执掌部门。他也是老板的

“左脑”，是经营管理最高级的参谋。这里老板指的是战略、战术、战斗不同层级的“直线核心团队”

下图为组织结构机能图。

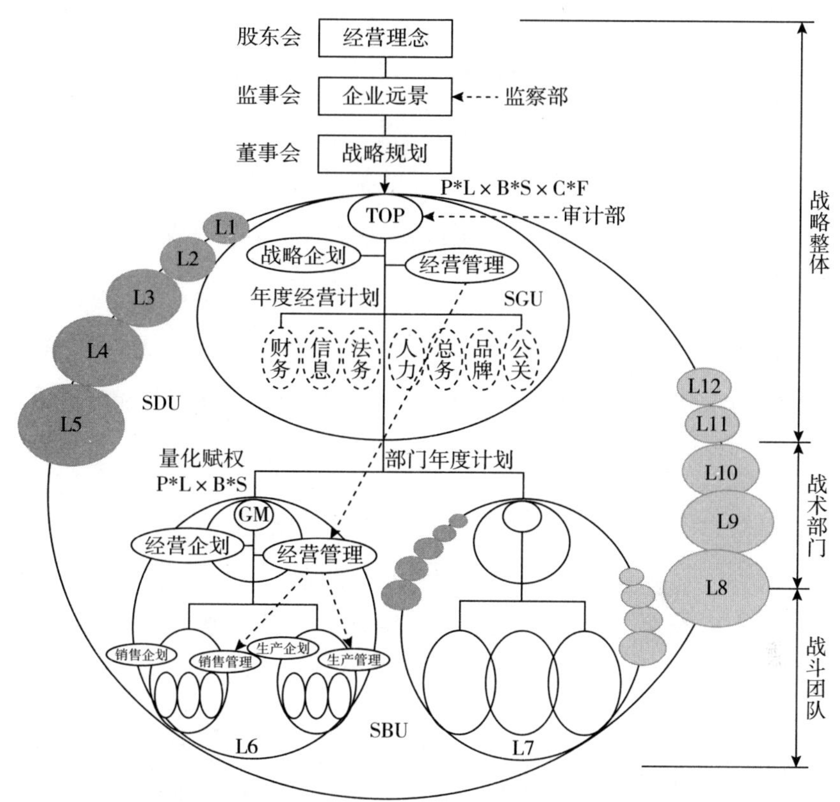

企业组织如人体一样，SGU为总部，总部为企业的大脑，就是战略的指挥中心。大脑又分为“左脑”和“右脑”，共同为“核心决策层”服务。

左脑就是“经营管理体系建设功能”，它主要是管“理性、逻辑数理运作、协助老板实现当年利润、公司数据及运作信息的处理、辅助体系的建设”；右脑是“企业未来战略规划、新业务企划”，它主管“想象未来、感性、未来投资方向、新业务规划”。

总部的其他部门相当于人的五官功能，各自管理其主要的经营资源，并将相应的信息传递给“左脑和右脑”，左右脑分别进行综合信息的处理，然后提供决策依据给到“决策层”，这就是企业总部的运行机理。

上图还分为战略、战术、战斗各种不同层级的组织，其左脑机能也是如此，分为总部战略经营管理、事业部战术经营管理、战斗小组织如生产经营体系经营管理和营销体系经营管理机能。

如此一来，企业整体的“经营管理的辅助机能体系”就建立了，它们各自运行自己的“经营会计系统”，最终实现战略、战术、战斗高度统一，所有报表都由基层组织填报统计，汇总层层合并，直至总部经营会计报表。

依据公司的整体战略目标，由经营管理部协同运作，上级对下级的责任分解，下级对上级的任务承诺，实现官兵互选、计划协商、相互承诺。由总部经营管理部负责牵头制定公司的年度计划，并负责将年度计划层层落实到各部门，由此形成各单位的经营会计损益表及重要的战略、战术年度工作事项。按照一定的权重体系和计算规则，转化成部门、岗位的绩效目标体系。由各级经营管理部对各对应层级的组织定期进行绩效管理，并召开组织绩效评价会。

经营管理部门不可能在每一个点上都比业务部门精通，该部门的人更多是通才，对公司的业务非常熟悉，谙熟企业经营管理的组织发展成长建设理论，且善于通过数据发现问题，擅长逻辑推理分析，深刻理解企业的价值观体系，能将数据和理念贯通。因此，计划管理部门即使对业务不是很明白，也一样可以协助直线部门给出有价值的指导，共同完成业绩目标。

经营管理部是辅助部门，没有直接的指挥权，必须有很强的沟通说服能力，因为公司年度、季度、月度计划目标的形成和达成，需要其他部门配合完成。企业一般缺少计划，更缺少能够做出准确的预测并将计划推动实施产生结果的人，而经营管理部就是这样的一个推动组织。

综上所述，总部的经营管理部的主要使命和职责如下。

使命

用会计的手法，通过数据记录核算信息，从而对企业经营实施管理，协助推动各部门优化改善，提升经营管理水平，达成年度经营计划目标，最大限度地获取当年利润。

职责

① 辅助总经理指导下级各事业单位获取当年利润；

② 负责自主经营模式的落地推进；

③ 主持拟定年度经营计划与经营管理的循环改善；

④ 统筹经营体制（组织、制度、流程）建设和优化；

⑤ 负责指导组织业绩管理；

⑥ 战略及战术性改善课题的推进及评价管理；

⑦ 统筹企业信息化建设规划；

⑧ 整体企业辅助系统建设及人才培养；

⑨ 协助干部管理组织部进行组织评价和干部评价；

⑩企业经营管理思想的研究及变革推动。

3. 经营会计的担当及任职条件

经营会计体系相关联的岗位仅仅是经营管理部门中的一部分。如何给经营会计担当岗位定位呢？

（1）经营会计担当责任者的职务范围

①经营会计担当者的职责是开发“利用会计的手法，以数据量化为手段，对各独立核算组织进行经营管理的体系”。

②将量化的经营管理体系制度化和标准化。

③以②为基础，通过数据计算对经营进行计划，对计划进行管理和调整。

④在把握经营成果的基础之上进行分析和评价，作出对策。

⑤负有通过上述一系列的工作提高企业生产力和收益力和安全性、整体经营管理水平的责任。

经营会计担当者或者经营会计担当部门的职责，可归为如下5个基本项目。

①企划量化经营管理体系，制定《经营会计准则》，根据企业及经营的变化进行活用。

②根据经营TOP及各个独立核算部门责任者的意见，主持编制年度计划、项目计划，并促进其决策。

③各级经营会计主持编制全公司、各部门或项目的月度、周、日、小时决算资料，进行分析研究，并通过计划与实际业绩的关键差异分析提出解决课题的对策。

④按照课题类别，使各部门责任者理解对策的内容，并对对策的实施提出建议。

⑤当课题对策未能付之于实践时，亲自参与推动该部门的经营活动，辅助该部门责任者开展工作。

完成了上述职责才能够促进年度计划，项目计划的既定目标实现，制作年度计划书或月度决算报表这些单纯的资料是其首要的职责，但是大家务必留意这只不过是经营会计责任者的职责的一部分而已。

（2）经营会计担当者在组织上的定位

经营会计担当者或经营会计担当部门在理解前述各项职责的时候，要知道自身所处的立场是“以量化为手段，担负起整个企业经营管理的重任，并作为经营TOP-Leader及各直线部门责任者的助手，为实现既定的目标而献策”，所以考虑组织上的定位时，必须满足下列条件。

①保持作为各级组织经营Top-leader“左脑”的位置（作为经营Top-leader完成年度经营计划的助手）。

②通过数据，对经营Top-leader的决策进行企划、设计、计划、并使之成为具体的实施方案，并推动落实。

③对经营Top-leader与部门责任者之间的决策、运营、实绩分析和评价，能提出适当的建议并起中介作用。

为了满足上述必要条件，我们对经营会计担当者在组织上的定位可以得出以下结论：经营会计担当者或经营会计担当部门的组织定位是，担任“总部机构”的“经营管理功能”的神经中枢，其部门名称表示为“经管部”或“企管部”较为恰当。

4. 经营会计担当的条件

经营会计担当者的工作姿态是保持作为经营Top-leader及各个直线部门领导的“助手”的立场，它必须通过上述“量化的经营管理体系”对各直线部门的责任者，将各部门及整个企业的业绩提上去，并想尽一切办法实现当年经营目标。

（1）经营会计担当责任者的能力条件

在分析企业中某位责任者的能力条件时，必须从以下三个侧面看：①实操能力；②行动力；③姿态和意识。

就上述三个方面，结合经营会计担当责任者与财务会计担当责任者之间的差异加以说明，我们可以归纳出下表中的内容。

经营会计、财务会计担当责任者的能力条件

项 目		经营会计担当者	财务会计担当者
A.实操能力	基本能力	·擅长计算 ·追根究底和开放思维 ·能创新经营管理思想 ·有对经营的洞察分析能力和对策的说服能力	·擅长计算 ·严守国家法律法规 ·固守财务形式标准 ·思维相对保守 ·会编制财务报表
	知识	·理解财务会计思想体系 ·能进行经营管理分析 ·懂经营管理的规律 ·精通独立核算与赋权自主经营的内容及其本质	·精通财务会计的体系 ·强于金融和税务 ·计算精细化 ·善于制作会计资料
	经验	·熟悉自己企业的实际业务展开过程，领会一把手的意图	·具有财务实务经验 ·具有筹措运用资金、应对税务的经验
B.姿态		领导的助手，发挥领导力	领导的合作者
C.意识		·彻底的追求实力主义 ·遵守经营战略战术经营方针 ·彻底贯彻经营代理人职责 ·不断提出并追究改善课题 ·决心实现年度利益目标	·形式主义、实证主义 ·对企业忠诚 ·能认识“财务＝金库” ·保守机密强烈 ·坚守财务的安全性
C.行动力		·亲自介入出问题的组织，协助研究问题提出对策 ·召集并主持业绩管理会议 ·能够与部门责任者一起积极地采取行动，解决问题	·高效率地完成财务业务 ·时常提供资料 ·完美地编制资料 ·有强烈的对信息进行收集、分析、整理等文献化的意识

从会计到总裁

随着企业逐渐发展壮大，经营者常常会感觉到压力越来越大，销售额年年增加，利润却原地踏步。

世界的丰田，中国人的大众，简单的一句调侃，在汽车圈却已经慢慢成了事实。2017年大众品牌全球销量为623万辆，其中就有318万辆来自中国市场，中国市场对大众品牌的贡献超过一半。

丰田品牌2017年全球销量高达897万辆，其中来自中国市场只有113万辆，仅仅占丰田品牌全球销量的八分之一。不过特别有趣的是，根据各大汽车公司的财报显示，丰田以168.99亿美元成为全球最赚钱的车企，2017年营业收入高达2547亿美元。

而和丰田有着同样营业收入水平的大众集团，在2017年也实现了2403亿美元的营收。但利润却仅仅是丰田的三分之一，为59.37亿美元。如果简单地理解，就是丰田和大众同样卖一台10万元的轿车，丰田能够获得3万元利润，而大众却只能获得1万元的利润。

大众最大的市场在中国，相比之下大众对中国消费者显得很是厚道，毕竟大众在中国卖一台车，只赚中国人1万元，而丰田却要多赚3倍。但事实情况其实并非如此。丰田能够保持如此高的利润，主要是得益于其JIT管理模式。这套对成本管控的模式，不仅仅是在汽车制造业保持了绝对的领先，就算是在全球范围内的整个制造业都是无人能企及的。不少非汽车制造业的工厂，也都在把丰田管理模式作为标杆学习。

从表象上看，大众和丰田只是在数字上的不同，但实则是经营管理理念的不一样。以经营的视角来看，丰田的经营模式是以“利他、共生”的经营哲学构建起来的整体经营管理体系，所以才有了JIT的“准时化”生产模式。它是需要供应链各方及全员及其自动化的配合才能实施到位的。从这个角度，丰田经营会计的核算加入了“时间”这一重要维度，从此重新定义了“成本和利润”概念，以区别于大众及其他企业。

所以，丰田做到了每位员工都要学会算账，这才实现企业整体价值的最大化。而大众则不一样，主要是在对待员工这个劳动要素看法上不一样，没有将员工潜能挖掘出来，所以结果的背后呈现的是管理工具不同，其根本则是管理观念的不同。

管理观念上的不同，根本是企业对于人的看法不同：

一种把人当成本，财务会计表达为“人工成本”；

一种把人当资本，经营管理会计表达为“人工费用”；

一种把人当根本，升级版本经营会计中无“人工费”。

1. 会计的职业生涯

在自主经营体系下，人的价值和其经营方式的完全不同，“以人为本”不是被装裱在相框高高挂在墙上的摆设，也不是任何不能带给企业实际价值的豪言壮语。

在《财务会计报表》中，人被当作成本看待。

在财务会计中，从员工的工资、培训、福利直到社会保险，都被算作企业的成本。企业需要反复考虑员工的成本占生产总成本的比重，以此明确人工费高低对企业盈利的影响程度。以这种理念来经营企业，员工只是机械地在企业进行劳动，无法发挥出创造性，如果企业的制度有漏洞，员工往往会铤而走险。

在《管理会计报表》中，人被当作资本看待。

在管理会计中，员工被看做企业发展的资本，员工的地位等同于企业的硬件设施、技术水平、银行存款等等。优秀的员工就相当于优秀的机器，可以给企业带来更多的增值效益；而不能为企业带来效益增值的员工，就会像淘汰落后机器一样遭到解聘。以这种方式经营企业，员工会迫于压力而提高自己，但是无法对企业产生真正发自内心的认同感，也不可能发挥潜能。

在《经营会计报表》中，人被当作根本看待。

在内部交易会计中，人才真正被当做企业发展的根本来看待。因此，要把每个人都当作人才来培养，不仅培养其职业素养，更要注重培养其人格，把企业作为员工展现才华、施展抱负的地方。这也就是为何在京瓷的《单位时间核算报表》中，并没有人工费这一科目，因为京瓷把员工看作发展的根本，人的潜能是无限的，不能简单用金钱来衡量。以这种方式经营企业，员工会感到强烈的归属感，并自发地提升自己，不断挖掘自己的潜力，发自内心地愿意与企业长期共同成长，荣辱共担。

经营会计的核算是以人为根本的原点出发，由员工自己发现问题并集思广益找到改善方法，提倡的是一种改善永无止境的经营核算方式。

举例：NXYP是河北省非常知名的企业，于2008年创办的位于城东的工业园区，是集生产玉米淀粉、赖氨酸、味精、饲料加工于一体的股份有限公司。经过5年的发展逐渐成为行业内销售额排名前三的集团公司。

但是该企业有一个问题，不赚钱！而企业经营不赚钱就是最大的问题。

为什么会不赚钱呢?

企业不同阶段的需求不同，对于老板迷茫的问题，先要找出问题的关键点。

通过经营会计独立核算导入，马上就发现该企业位居东北的一个最大的客户居然不赚钱。

相信讲到这里大家会奇怪。会计不会算吗？会。但是最主要的区别就是因为财务会计是按照国家的政策法规，而不是企业经营的思维来算账的，而且没有通过经营会计独有的六个维度来核算。

只有通过多个维度的核算才能看清楚真相，也才能真正反映经营实态。

这家东北的客户年销售额2个亿，是NXYP集团最大客户的之一。大客户有一个特点就是有议价权，毛利低，而且事情还特别多。通过经营会计核算，发现单为这家客户存储的货物大型仓库就有6个，专门负责的营销团队就有30多人，一年工资加起来3000万，还要请客、送礼，一位年薪200万的高管80%的时间都用来陪大客户沟通交际，以及业务员的提成等等。

当把这些因素都进行经营会计核算后，发现这个东北客户非但不赚钱，一年还亏200万，服务三年白忙，全是老板垫资，还赔掉了垫资应收取的利息。

D销售部门是公司销售额最大的团队，且60%的业绩均来源于该客户，实际对公司贡献利润为负数。

这样的垃圾客户就应该送到竞争对手那里去!

销售部门通过算账后果断调整客户策略，富于针对性地对潜力客户进行深挖。

行政部门把其中闲置的4个库房租了出去，一年租金回收310万，这310万元全部是纯利润。

如果仅仅只会算账，就有可能陷入唯利是图的怪圈。未来人应该从事的是创造性的工作，看清企业的经营状况是为了及时发现问题，及时调整。

组织的潜力一旦被激发出来，激活全员创造性，势不可挡！

以人为本，发现数字背后的意义，找到问题并解决问题，这才是经营会计的核心目的。财务会计不能反映一个企业的生死状态，而经营会计在事前已经找到方向，实现算赢。

所以从财务会计到管理会计、经营会计的担当者看似工作上都是算数字，然而其根本是姿态、思维模式和知识结构及其实务能力的总体升华。

2. 从会计到总裁

孟晚舟，“任正非之女”，1992年入职华为，蛰伏20年，从一线的接线员到华为CFO，再到任正非的接班人，开创了属于她的华为“财务女王”接班之路。从最基层做起，到销售融资与资金管理部总裁、账务管理部总裁、华为香港公司首席财务官，以及国际会计部总监。2011年，在华为财务部工作18年的孟晚舟担任华为CFO。 在成为华为CFO后，随着名气的上升，外界的质疑也就多了起来，孟晚舟到底有没有实力？她是靠爹还是靠能力？

“如果一艘船不知道驶向哪一个港口，任何方向吹来的风，都不是顺风。所以，要真正问清自己的内心，拿出行动的勇气，坚持自己的选择。”

2003年，孟晚舟开始一手建立起华为的财务组织，从组织架构到业务流程、再到IT平台，不断优化，不断改进，让华为的财务部门能够跟上华为的发展速度。2007年，孟晚舟负责实施华为集成财经服务的变革项目，该项目的实施能为各级经营组织提供更完善、更准确、更有价值的财务数据，促使华为持续为客户提供高品质的综合解决方案。从一线接线员到华为CFO再到如今的副董事长，孟晚舟，其“任正非之女”的身份保密了20年。她见证了华为从无人知晓的创业公司，到如今的民族企业标杆。很多人只看到了她“任正非之女”的身份，却没有看到她背后的勤奋与努力，以及她为华为作出的巨大贡献。

无独有偶，从CFO到接班人。马云也将阿里交棒给财务出身的张勇。孟晚舟和张勇同样是财务出身，同样从CFO到接班人，难道都是“出身”决定的吗？

决定的原因有很多，其中一定有一点是其不仅关注财务价值，而且关注经营价值创造的动因，关注客户、业务流程、人力资源、信息资源等等，其在组织中存在的意义就是提升组织价值，明确组织价值创造的途径和贡献者。而之所以能为组织创造价值，其根本原因在于将经营的信息提供给决策者，并用于决策。

企业经营的指南针

1. 经营之圣的共识

> 会计是经营的罗盘，会计处理须有益于经营，事业部（SBU）分权体制与会计决算制度表里一体，是松下电器经久不衰的经营秘诀。如果会计处理紊乱，即会招来经营的紊乱。
>
> ——松下幸之助
>
> 无论是在公司还是出差，我都第一时间看每个部门的《经营会计报表》。透过销售额和费用的内容，就可以像看故事一样明白那个部门的实际经营状态，经营上的问题也自然而然地浮现出来。
>
> ——稻盛和夫

被誉为中国的“经营之神”的台湾著名企业家王永庆，台塑集团创办人。既给予下属充分的自主权，以便使其能够承担该单位经营绩效的责任，使管理者摒弃官僚作风并改以企业家精神做事，同时也十分强调员工自主管理，以期透过个人能力的发挥来增强集团整体绩效的提高。在台塑，产销活动基本上是以事业部为单位展开的。事业部以事业部经理为中心，独立运作，自主经营，自负盈亏。后来，随着各事业部规模的不断壮大，产品种类越来越多，为使其经营责任更加明确、合理，王永庆遂下令将各事业部以厂别或产品别再划分为若干个“利润中心”，独立计算其损益，衡量其经营绩效，以便于各单位甄别各自的责任归属。目前，台塑集团有上千个利润中心、上万个成本核算中心。

得益于30年前台塑开始的电脑化管理和系统经营体制，使得王永庆“一日结算制度”得以贯彻，公司报表第二天早上就会摆在王永庆桌上，以使他能时刻掌握企业经营的实际状况。2000年5月，台塑正式推行一日结算，并一直沿用至今。它对企业管理层及时准确地掌握企业的经营状况起到了至关重要的作用。王永庆老这样说：“每月的1日上午9点，我的桌上必然会端端正正地摆放着上个月所有公司的营业额、获利与即时库存等财务图表。”很多企业家听完之后觉得简直难以想象，国内几乎没有一家大型企业能够做到这一个水平。

日本唯一健在的“经营之圣”，创办京瓷集团与KDDI（第二电电），2011年两家企业合并营业额约5万3千多亿日元（约700亿美元），营业利润约3400多亿日元（约45亿美元）。京瓷和KDDI都保持了连续几十年的高收益。随着企业规模的不断扩大，稻盛和夫感到身心疲惫，渴望在企业内部培养出更多能够分担经营重任的伙伴。于是，他把组织分为一个个被称为“阿米巴”的小集体，在企业内部选拔领导，委以经营重任（授权），通过独立核算和内部交易机制加以运作，独立核算，自负盈亏，从而培养出大量具备经营意识的领导，实现全员参与型经营组织。目前，京瓷集团内部有3000多个所谓的阿米巴小集体。

稻盛和夫强调企业经营必须时刻掌握经营的实际状况，并通过简单的经营会计报表反映出来，由此掌握经营实态。经营会计报表中数字就像“飞机驾驶室”中的仪表盘，必须将飞行中变化的高度、速度、姿势、方向等信息准确传达给“机长”，没有仪表盘就无法驾驶飞机。没有一目了然的经营会计报表，就很难经营好企业。

得益于IT技术的发展，京瓷在90年代末真正实现了单位时间核算，在某些业务领域甚至按照2小时为核算周期展开，时刻掌握经营的实际状况。

培养大家用数字来管理企业是非常关键的，现在企业有两种管理者，一种是偏理性，一种是偏感性。凭经验来做决策的人很容易出局，这种决策方式特别易受管理者个人经验的曲线制约，所以还是要回到数字。让普通员工也能通过经营会计报表找到问题，然后自己做诊断开处方。

2. 经营企业犹如驾驶飞机

过去对于经营中出现的问题，管理者有时会看不准员工，有时会出现一堆的辩解。但用经营会计报表之后，数据诊断明确地摆在这里，接下来要怎么干？所以以经营会计报表为抓手，可以帮助管理者把问题看得更清楚，更好地做决策。而报表背后的哲学，其实是从数据入手后层层抽丝剥茧，最后找到问题根源所在，进而全面改善。

用一张经营会计报表就会告诉员工，如果从现在的数据来看，达到原计划的目标，还有些困难，那么你就要开始想该怎么办才能达成目标，中间需要改善哪些目标。目标是什么，方向是什么，通过什么路径来实现这个目标。把路径设定好之后你的行动计划是什么，谁来完成，什么时间完成。通过经营会计报表，就能够有一条主线向下顺，不断地循环往复。

经营会计以数据反馈现场，及时应对市场变化，清晰表明各独立核算单位的损益状况。将复杂的管理问题简单化，分析问题，找出问题，老板根本无须在现场，就能通过经营会计报表，像飞机的仪表盘一样对于企业的经营情况一目了然。

经营会计报表最大的好处是能详细了解到每月每个小业务单元的收入、费用以及利润等等，并在上一次改善的基础上提出更高的要求，从而优化经营。发现问题之后运转一周再看结果好不好。若不好，再接着调整运转，从而精准程度越来越高。PDCA的循环越快，证明经营管理的水平在提高，领导人才能更好地赋权组织，放心交给决策层进行决策。

6

人人都需要的经营会计

1. 大企业化小才能看清

从2011年将淘宝一分为三，再到2012年的七剑下天山。2013年马云卸任阿里巴巴集团CEO之前对现有业务架构和组织进行了调整。阿里巴巴集团原有的事业群更加细分化，将淘宝、天猫、聚划算，阿里国际等7个事业群拆分为25个事业部，出现了物流事业部、无线事业部、商家事业部等多个事业部。这25个事业部内部还可以继续划小经营核算单元，形各个事业部之间相互促进良性竞争的氛围。

由此可见，无论是阿里巴巴的事业部制，还是海尔的人单合一模式，其根本均是将大企业划小，以保持灵活性。划小之后通过正确的量化贡献价值，让员工置身于没有硝烟的战场，学习站在老板的角度思考和做决策，激励自己进步，各自主经营体朝越来越好的方向发展，相互促进，形成良性竞争，也给企业增添新的活力和经营思维。

如何通过一张表真正看清企业的状况呢？销售额是由数量×单价构成的。

公司各层级使用报表情况：

老板——战略性的问题理念和文化是否得到贯彻（季度累计值）。

高层——战略到年度经营计划的绩效，怎么落地以及是否得到落地效果（季度累计值）。

中层——依据上面的方针，除了本单位经营结果以外，看管理过程的关键指标，如何用这个表通过过程改善达到结果目标，并找到关键点（当期和累计值）。

基层——看边界利润，清楚核算创造附加价值（每天）。

老板要看是否符合公司的年度经营方向，比如公司的目标是开发老客户，但是从报表数据上体现的全是开发新客户带来的销售额。产品、区域、渠道、品牌、业务结构是否遵循公司的年度经营方针，其比例、关系、重点在哪里，以及 SBU的结果，哪个SBU是赚钱的，哪个是引流的，哪个是未来投入的，是否遵循了公司的战略方向。

经营会计科目设计就体现出了老板的理念，例如 LB的老板的理念是能够为客户创造价值，但原来的赚钱方式是以利己为出发点，通过对销售额科目的调整，将其设为一个叫基准销售额，一个是利他销售额。

2. 小企业看清未来

老板们是不是经常听到这样的说法："为什么员工没有责任感，不站在公司角度做事情？""为什么事情都需要老板来关心老板来做，累得半死？""把自己当老板的，企业死得快；把自己当员工的，发不了财！"细细品味，貌似有点道理。如果创业者把自己当老板，那么公司就是老板的，所有事情都需要老板操心，搞得心力交瘁。企业发展好，员工享福，企业发展不好，员工可以跳槽找别家。很多老板都知道团队的重要性，但是为什么没有建立好的团队呢，还是自己一个人辛苦的做企业，而且总是发展不大?

2018年9月25日，成立仅四年多的小米生态链公司云米在美国在纳斯达克上市，股票代码为"VIOT"。

当今跨入世界五百强的企业，很多都是从小作坊起步的。仔细分析一下不难发现，所有的大企业均已于创业初期即有了清晰的成长路径。雷军的小米亦是如此，用大企业的思维做小企业，小企业才能做大。创业期找到自己的核心优势和真正能为你带来价值的客户，最有战斗力的团队会帮助你更清晰地快速找到未来发展方向，并且通过数据化的企业真实经营状况，帮助经营者及时做出决策。员工也能逐步具备经营意识，使每一个人都变得像老板一样思考决策和行动。

就用一张表把未来看清。

3. 小组织用数据自我管理

如果全体员工都能把自己当成老板一样在工作那就好了，若能做到这样，就可以称之为“全员经营”。

全员经营最有名的就属宅急便之父、大和运输前会长小仓男的名著《经营学》中的定义，“全体经营，是指在经营的目的或目标明确的情况之下，不需详细规定工作方式，交给员工自己去做，让员工自己对自己的工作负责。”把权限委任给全体员工，每个人的自由裁量度很大，相对地责任也更重。如果是这样的公司，全体员工都会有成长的意愿。同时只要能有公正的激励制度，企业很快会成为优良企业。

HBG公司用经营会计激活小组织进行自我管理，将市场部和销售的权力下放，以前很多促销的方案都需要总部来审批，流程相当繁琐。如果一个分公司将几个方案都交给总部，可想而知其决策时间成本及效率会如何？而且无法量化每个方案的投入产出情况 。

只有让员工看到进行会计报表才能真正做到自主经营。比如说员工知道通过哪项促销活动将对报表上的哪个数字产生改变，改变是多少，下次如何调整；市场费用过高意味着销售收入不变的情况下边界利润会减少。如果要确保边界利润不变，员工是不是要考虑提价，或者通过其他的方法来达成目标，这样就会提前进行规划。

借助经营会计报表，员工在思考改善的时候，企业就已经开始动起来了。这种思维方式的改变，是企业最大价值所在，也是大家一起创造利润的原动力。

第三章

经营会计的范式

大部分人无意识去追究事物的本质，所以常常陷入到常识集体迷失。每一次进行关键概念的重新定义就促进人类颠覆式发展，所以挑战权威便成为一种奢侈！我们在探索经营真谛的同时，颠覆了人们对财务会计学的全新认知。

——田和喜

1

经营会计损益表

2018年7月26日，创立仅3年的电商平台拼多多于纳斯达克上市，开盘价26.5美元，较发行价19美元高出近40%，市值因此也从200亿美元跃升至292亿美元，为美国今年以来规模最大的IPO。

而美国路演要做的事情，除了讲故事以外，就是要和上千名美国投资专家（财务专家）探讨财务报表和财务状况以及未来的财务报表和财务状况。能不能赚到钱，能赚多少钱，是投资人永远热衷的话题。

传统上，企业管理者经常用到的主要有三种表“资产负债表”“利润表”和“现金流量表”。

财务会计资产负债表是反映某一特定日期企业会计价值的一张快照，利润表衡量企业在一个特定时期（如一年）内的业绩，是两张快照之间的录像。现金流量表则是记录一段时间内实际的现金流入与流出情况的报表。

如果将企业比喻为人体，利润表是肌肉，资产负债表呈现的是骨架；现金流就是血液。

而经营会计损益表作为经营能力及结果的一种直接体现，由以前的只有少数公司使用，日益为更广泛的公司所认可。

经营会计损益表又称利润表，是由销售额、费用、利润构成，但对于不同业务模式、不同业种、不同核算组织，其表现形态又稍有差别，见下表。

财务会计损益表（简表）

年　月　日~年　月　日（单位：万元）

一、营业收入	****
减：营业成本	***
税金及附加	***
销售费用	***
管理费用	***
财务费用	***
二、营业利润	***
营业外收支	***
三、利润总额	***
减：所得税费用	***
四、净利润	***

↔

经营会计损益表（简表）

年　月　日~年　月　日（单位：万元）

一、销售额	****
减：变动费	***
二、边界利润	***
减：固定费	***
三、经营利润	***

经营会计报表（制造部门）　　单位：万元

1. 销售额		100	销售净额＝对外销售额＋对内销售－对内采购
2. 变动费	原材料费	400	变动费：短期内跟销售额成正比例的费用
	配件配	150	
	水电费	50	
	变动利息	10	
3. 边界利润		390	边界利润＝销售额－变动费
4. 固定费	房租	100	固定费：不跟销售额成正比例的费用
	设备折旧	20	
	人工费	120	
	固定利息	50	
5. 经营利润		100	经营利润＝边界利润－固定费
投入人员数量		130	
6. 人/月劳动生产力		3万元/人	人/月劳动生产力＝边界利润/投入人员数量
7. 人工费的劳动生产力		325%	人工费的劳动生产力＝边界利润/人工费×100%

认识经营会计要素

财务会计要素是对会计对象的基本分类，会计对象核算的内容是多种多样的，为了科学反映和准确记录，必须先对它们进行分类。通俗地讲，就是当企业收了一笔钱，要看是收入还是股东投资或是借款；花了一笔钱，要看是费用、还款还是投资等，然后再进行详细记录。

经营会计要素则是各自主经营体经营活动事项的经济特征属性的基本分类。

透过现象看本质，不同于财务会计采用的复式借贷记账法，经营会计以单式记账法，直观体现各自主经营体实际经营活动过程及经营结果，其三大要素为收入、费用、利润。

经营会计要素（以下简称要素）是构成经营会计报表的基本框架，是提供信息的基本手段，各个层级报表上所列信息含有各项会计要素：

收入－费用＝利润。

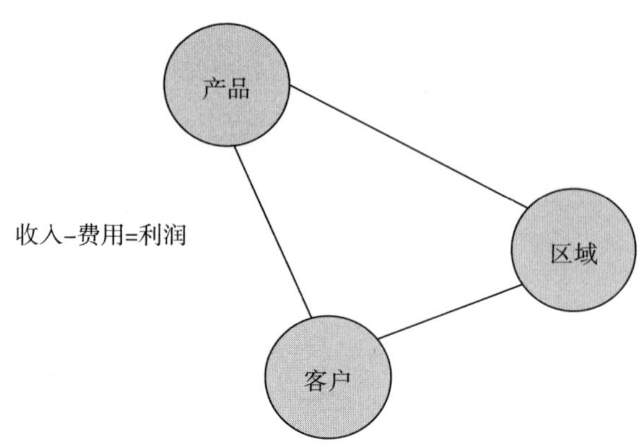

财务会计对于收入或是费用的判断标准，一种叫权责发生制，另一种叫收付实现制，在权责发生下收入的确认即是权利和责任的转移。权利和责任的转移是将财物的所有权转移给了对方，比如签订了合同后将货物发出，这个时候无论是否收到钱，都需要确认收入交税，应收未收到的款项则记入到应收账款中。已经发生的费用，如应该支付的货款，虽未支付，但在已经收到时即可按应付账款确认费用。在收付实现制下，即以实际收到或支付该笔款项时确认收入或是费用。

经营业务	权责发生制	收付实现制
1月销售商品2月收到钱	1月确认收入	2月确认收入
1月支付2月房租	2月确认费用	1月确认费用

↑ 权利和责任发生时　　↑ 款项实际收支时

1. 收入（销售额）的定义及含义

在经营会计体系下，我们将收入要素也称为销售额，因为财务会计中收入分为主营业务收入和营业外收入，由于营业外收入并不能真实反映企业的经营能力，所以财务会计中的营业外收入，在经营会计中收入项是要剔除的。所以经营会计中收入项要剔除所有和主营业务不相干的收入项，业绩“收入＝主营业务销售额”，通常也称收入为销售额。

销售额是指各自主经营体日常经营活动中主营业务商品或服务，会对所有者权益形成正向或负向变化而产生的流入的权益。销售额可以衡量各组织对市场的掌控情况，并确认市场对组织的认可度。

通过虚拟的内部市场交易，销售额分为对内、对外销售额。对内销售额即为该自主经营体对内部客户提供商品或服务产生的销售额。对外销售额即为对外部客户提供商品或服务产生的销售额。为正确体现各自主经营体的经营结果，销售额的特点为日常经营所得，与所有者投入无关的权益流入。

对企业外部销售额有应收账款，对内虚拟交易业务无应收账款。

经营会计下对企业外部产生的销售额与权责发生制、收付实现制均属不同。其对外销售额是按照业务发生的特征和谨慎原则的可能性，在权利发生转移的条件下实现的或可能实现的，现在及未来的现金（财务上的现金有广义狭义之分，广义统指货币资金）收入，称之为销售额。

比如一笔应收账款，如果有收不回来的可能，财务会计上会将应收账款用以备抵的坏账准备科目减少其余额。实际在经营会计中，当要确定对外销售额的时候，则要根据该业务特点来判定，如果这块业务百分之百能拿回来现金，只要已经出货，就可以把它当成销售额；但如果是未来没有可能收回，其要作为坏账准备，则要先减掉这个坏账准备，才可以确认销售额。

还有一种销售额是指销售折扣，退货等等，销售的损失都可能作为扣减项目用以抵减销售额。所以在经营会计下销售额是一个大要素。这个销售额要能够反映真实的业务过程和状态。在此基础上依据原则来定义销售额，可以进行细分。所以不同的企业，关于销售的科目的定义不一样，也正因为如此，所以经营会计跟财务会计、管理会计就有很大的区别。

对企业内部销售额相对简单，也无需确认应收账款，各组织经营体之间以实现的交易凭证就可以确认收入，确认条件即对方开具的货物转移、服务确认单等单据。

各自主经营体收入的来源渠道多种多样，不同的收入来源特征有所不同，有时是销售商品赚钱，有时是提供服务获取收益，正向是普通销售额的确认，负项销售额比如销售折让会引起销售额的减少。

数据的准备是改善的基础。很多财务人员做了数据统计工作却没有找到到核心问题。如某超市的销售数据如下：鱼肉100元、鲜菜100元、水果100元、干果100元。请思考，你要如何统计这些数据？

有位财务总监说我们的销售收入是400元，后来老板说每年都是这样，为什么反映不了实际的经营情况我也不知道。经营会计下会由各自主经营体负责人列出销售额，其中包含正价销售额、打折销售额 、促销销售额等。

有可能你的销售额高了，但卖的却全是低毛利产品，或者是积压库存打折售卖，企业根本没有钱赚。

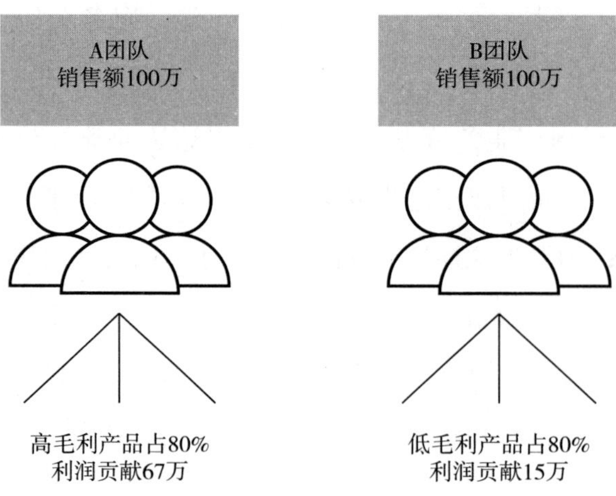

销售1部经营会计报表

单位：万元

一级科目	二级科目	金额	占比
销售额	A产品（低毛利）	20	20%
	B产品（高毛利）	80	80%
	…		
变动费	销售成本	23	
	销售提成	1	
	广告费	2	
	…		
边界利润		74	
固定费	基本工资	4	
	分摊房租费	2	
	库存商品利息	1	
	…		
经营利润		67	

销售1部经营会计报表

单位：万元

一级科目	二级科目	金额	占比
销售额	A产品（低毛利）	80	80%
	B产品（高毛利）	20	20%
	…		
变动费	销售成本	75	
	销售提成	1	
	广告费	2	
	…		
边界利润		22	
固定费	基本工资	4	
	分摊房租费	2	
	库存商品利息	1	
	…		
经营利润		15	

相同销售额，利润差异极大

2. 费用的定义及含义

费用是指各自主经营体一定期间内（短期或者长期）以获取销售额为目的而发生的支出，在日常活动中发生的、会导致利润减少的流出。

由费用可以看清组织资源使用的实态及价值创造手段，衡量组织资源使用的能力，所以经营会计没有成本的概念，都转化成费用。在此基础上，按照长期或短期拿回销售额为目的进行分类，就变成了变动费和固定费。

短期之内的获得销售额为目的，随着销售增加而增加，流出到企业外部的费用，就称之为变动费。

长期以获取销售额为目的，维持公司正常运转，即使没有业务也要发生的费用（即留在企业内部的费用），都称之为固定费。

变动费与销售额成正比例增长，同收入成正比例，是为了短期获取销售额而流出的费用。固定费是一段时间内相对固定，且不与销售额成正比例增长。

变动费用即与销售额同比例变动，预期为带来销售额而产生的。如：促销品、业务员提成等。

固定费用是不与销售额同比例变动，一段时间内相对固定产生的。如：房租、设备折旧等。

费用类别判定原则：根据费用支出的目的判定。

例如，促销品费用，其产生的目的是每花1元钱拿回10元销售额，因此是变动费；保洁人员工资在一定期间内相对保持固定，因此是固定费。

各自主经营体费用的支出多种多样，不同的费用支出目的不同，有些费用产生的目的是为了拿回销售额，有些则是企业维持日常经营必须产生的一些费用。如某项固定资产的折旧年限国家规定是10年，但实际的情况是该设备更新快，3年就要报废，没有了使用价值，经营会计对于该项固定资产按3年计提的折旧计入该自主经营体的费用中。

经营会计的特点之一就是灵活地体现企业的实际经济活动。

经营会计灵活地以经营的角度，对各自主经营体的责任人分清权责，分的就是变动费用的权利，责任就是投入的变动费用能带来多少销售额和利润，以提升组织经营能力。

那么，变动费与固定费是一直不变的吗？

某厂一直将设备折旧作为固定费用，通过独立核算发现折旧费偏高。后经大伙开会讨论，将该过期设备处理掉，而改由外租，按销售订单每件支付租赁费，这时固定费用就转为了变动费。同时再结合变动费用使用效率等参数进行评价。

如果最后实在确认不了怎么办?

一笔会务费的支出究竟是变动费用还是固定费用?

如一家老年保健品销售公司主要靠会销，产生会务费300元；一家电商销售公司在某展销会场进行品牌推广，产生会务费300元。因其产生的目的不同，对于会销公司来讲这是要拿回销售额，属于变动费，电商公司则是宣传品牌，应该记入固定费中。

3. 利润的定义及含义

利润是指各自主经营体一定期间内产生的损益所得及经营成果，依赖于销售额－费用后得以获利，也是评价该自主经营体的指标之一。利润的意义是衡量组织的社会价值、企业经济价值以及经营能力。

经营会计灵活地应用同样体现在以简单的公式：销售额－费用＝利润，衡量一个小组织、一个产品、一个客户、品牌、区域、不同部门不同对象的利润实际贡献情况，基于我们的目的和对分析对象的处理，以不变应万变。以业务分析为目的，基于分析对象不同，对利润的表达形式也不一样。

依据经营目的不同，利润可以分为边界利润、贡献利润、经营利润以及分摊过后的分享利润等等。

销售额－变动费＝边界利润（附加值、产生的表象损益）

边界利润－固定费＝贡献利润（部门或小组直接产生损益）

贡献利润－总部的分摊费用＝经营利润（实际产生损益）

经营利润－利益分享＝纯利润（最终股东利润）

根据目的来表达业务特点，将不同层次组织负责人所负的权利与责任同时表达出来，所以才会有多个层次利润。

生产车间A工序 经营会计损益表

年　月　日～年　月　日　（单位：万元）

销售额	****	
减：变动费	***	
一、边界利润	***	→裸竞争力
减：固定费	***	
二、贡献利润	***	→比较竞争力
减：分摊的总部费用	***	
三、经营利润	***	→组织能力
减：利益分享	***	
四、纯利润	***	→股东收益

实际工作中各项利润指标常常以边界利润作为对各小组织的主要关注点，为的就是提升各小组织的经营能力，有效参与市场竞争。

举例：某公司制造车间A，当年完成生产任务，但边界利润指标没有完成，于是年末将前两年攒下的废品及残次品集中出售，产生收入100万元，请问如何记入？

4. 经营会计要素的记账标准

自古我国的账房先生们的记账方式，多是以现金为基础的“流水账”方式，讲求“钱货两讫”，付款卸货，没有现金企业就无法运转。这是最简单普通的道理，但如今却被很多大企业所忽视。要知道，突然间倒闭的公司很多都是因为资金流的瞬间断裂，而非公司巨额亏损所致。中国的情况如此，世界范围内也如此。具体到个人，此规则同样适用。

财务会计采用的是历史成本，现值，终值，可变现净值等财务手法来对所有成本进行评估，这么做的目的是为了统一性原则，便于所有的利益相关者都能看得懂。

但经营会计不受这种统一性原则限制，是内部经营者使用，无需外部看得懂，所以经营会计的计量标准就是“真实”。

例如：某公司做了一堆陶瓷电熔，给松下做电视陶瓷配件，有10万安全库存，会计上不管用任何手法，记的是10万，但是在现实情况中松下进行产品迭代，全部变成废品了，对此，以经营会计模式则要真实记录这些成本都属于生产成本的损耗，并要为此提前支付处理成本，以此来反映经营的实态，避免到年底盘存的时候才看清是亏钱还是赚钱。

总之，经营会计并没有统一的手法，一般采用“历史成本”和“重置价值”，计量的目的就是反映经营的实际状态。比如可变现净值或短保质期易耗品等在经营会计下均采用简单核算方法，为的是简单、方便、真实反映企业实际经营情况。

3

经营会计要素关系

企业进行生产经营活动的目的是为了获取销售额，实现盈利。企业在取得销售额的同时，必然要发生相应的费用。

财务会计核算中还有多种追求目的，比如股东价值最大化等。在经营会计下，各小组织简单追求经营的本质就是创造价值，让高层、中层到基层都有一个清晰可见的目标，设置不必过分复杂，人人都能懂的就是“销售额最大化，费用最小化”，用以统一整个组织的经营目标。

企业或各独立核算单位发生的交易或事项按其对财务状况等式的影响不同，就单一要素变动对利润影响的情况下，销售额增加会引起利润增加，费用增加会引起利润减少。而在经营会计下销售额和费用之间有互动的逻辑关系，不能孤立地看。

通过销售额与费用的比较，才能确定一定期间的盈利水平，为确定实现的利润，在不考虑营业外的损益（非正常经营损益）的情况下，它们之间的关系公式表示为：

销售额－费用＝利润

“销售额最大化、费用最小化”，思考的是各小组织为了达到计划的结果要如何做，怎么做到?

要想实现利润，就是做到销售额最大化，费用最小化。费用最小化，不是费用的绝对值最小化，不是叫员工少花钱，而是要把钱花到刀刃上。它能反映出自主经营体是否在用心的经营，每花一块钱能否拿回更多销售额。所以销售额最大化，其“销售额”是以定价乘以数量或提供服务的价格所决定的，所以定价不单是为了卖东西或拿到订货单，它也是决定经营的关键。即所定价格必须令卖方和买方都满意，需要智慧、创意以及全体伙伴的努力。定价实际体现企业市场战略意图，利润只是努力经营所带来的结果。

举例：如果一家公司的老板有四个孩子，但是不知道传位给谁，怎么办？让他们在闹市口开一家面点档，一碗面定得高了没人买，定得便宜了可能吃的人多但是还赔本不赚钱。对经营者来讲也是一样，是利润幅度大一点少卖一点，还是控制利润走薄利多销路线，定位、定价、成本、放多少肉、品质、口味等都是要考量的重要因素，所以一个人能把面馆开好才是真正的老板。其实这就是回归到了经营的本质，企业的会计必须方便经营者能有效地经营，并从“销售额最大化、费用最小化”的经营原则出发，以此想方设法提高经营效率。

财务其他要素去哪儿了

经营一定要把握住赚的钱以什么形式存在。

其实资产、负债作为一个静态的时点，就好像说在7月31日，仅在这一时点你拥有的是多少，公司有资产多少，负债多少？仅就在这一个时点你拥有的权益是多少？

在利润表中，7月31日指的是7月整个期间的经营情况 。收入、费用、利润所以是动态的，只因为它们是一段时间的经营结果。

而企业拥有的究竟是一项资产、负债还是费用，本身就是一个让人疑惑的问题。

王老板前几年炒股赚了钱，于是在香港贷款买了楼。后来房价大跌，还欠银行大量贷款，房子又没有人买，这是一项资产还是负债呢？

经营会计下，对于经营者来讲，不得不扔掉的东西，或者说没有变现的，就不能叫资产，而应该作为费用扣除。

经营者关注经营情况，即各基层自主经营体均是不具备处置资产的权力的，应该把关注点放在如何用好费用，如何增加销售额，并在此基础上不断优化，找到更好的办法来提升利润。

简单三项要素的好处：遵循更加谨慎的原则。

比如一家工业生产企业接到了生产3台设备的订单，订了四台机床的零部件以防万一。运气非常好，没有问题，顺利交货。结果剩下了一台机器的零部件，而那台机器的零部件是按照客户要的型号做的，不是可以卖到别处的东西，并且不保证下次订单什么时候来。这种时候真不应该一直留着那些零部件，而是应该尽早让它从账簿上消失，不予作为库存评判。

因为财务上评价的价值无法短期内实现或变现，可是为什么要采购这些东西呢？这就是企业资源的占用，所以要作为费用计入当期。

无论是订单销售还是库存销售，都会出现剩下货物的情况 。而通常都会以进货价来盘点这些东西的价值。库管员盘点时仅会看到有无货物，长此以往必然会出现根本就卖不出的东西。这个情况在经营会计下就要减掉该项库存，作为费用处理。

另一只眼看会计

1. 重新定义会计

企业的经营是一个动态的过程，而财务会计按照国家会计准则，都是按统一的标准处理，由一个表面或是某单一模块来看待问题。而实际上企业经营是一个有机整体，哪怕是同一行业的企业，其业务模式可能不同，其会计要素的内涵和核算标准实则不一样，因此财务会计不能量体裁衣，无法反映企业经营的真实情况。

是时候该重新定义会计了。正如麦哲伦不畏艰险，发现新大陆，从此打破人类天圆地方的认知；哥白尼不畏权威，创立太阳中心说，开启了人类对宇宙的全新探索。松下实现了论语与算盘的经营，开启了日式管理，稻盛和夫创立哲学加阿米巴经营，找到了经营的真谛。今天，我们提出了【理念+算盘】经营思想下的“经营会计学”，将开启对经营与会计的全新认知，越朴素的思想离真理就越近！

基于经营者的需求，会计的目的是直白发现经营管理的问题以便循环改善，目标是提高经营的生产力、收益性、安全度，而且便于实现全员参与经营。所以会计的本质不是记账和算账，记账和算账只是手段，目的是能帮助全体员工贯彻经营意志，并获得高利润。

至此，我们可以下一个清晰的定义：

能够反映企业经营实态、为全员经营服务的会计学是经营会计。换言之，经营会计是运用会计的手法，在贯彻企业经营理念、方针的同时，以提高企业的收益性、生产力、安全度为目标，通过保障数据采集的及时性、完整性、真实性，对经营活动过程进行量化计算，帮助全员发现问题、快速循环改善，从而提高组织经营力的经营管理体系。所以经营会计的本质不是会计学，而是“以数据为基础的经营管理学”——亦称“【理念＋算盘】自主经营实学”。

经营会计的责任者或部门是通过经营会计的管理体系来帮助直线部门的责任者，给与确切的指导，从而达成各部门的经营目标。

2. 按经营目的设计经营会计报表

企业的利润是创造出来的，更是设计出来的。财务转型就是要推动从传统的会计核算型转向创造价值型，这是适应经济全球化、市场环境复杂化、企业创新提质增效的方向，现代管理要求工作结果能够被量化，任何不能被量化的工作都无法分析产生的结果价值，所以越来越多的企业开始使用经营会计。

经济景气时，企业追求的是通过各方面的经营改善，获取超过行业平均水平的超额利润。而在经济不景气的情况下，企业要在生存的前提下，寻找内部问题并不断改善，进一步提高运营效率的方法，实现节流，渡过难关。

无论如何，一切都是围绕问题展开经营。只是企业在发展的不同阶段，要解决的主要问题不同。所以不同时间点采取的策略一样，因此组织设计、组织细分及采取的业务运作形态会发生改变，由此而产生的经营会计标准和结构也就不同。

Y企业是一家以造纸为主营业务的企业，其产品主要包括面巾纸、洁面巾等系列产品，依靠渠道代理商对外销售。随着竞争的愈发激烈，原料上涨，产品跟市面上的其他产品相比并无竞争力。产品对外销售毛利20%，还算赚钱，但是扣除掉期间费用后，企业就亏损了。销售部门完成年度80%销售额，生产各个工序完成了生产任务，那这个亏损究竟是由谁造成的？打蛇要打七寸，要改变就必须先找到主要矛盾点。

通过分析，该公司亏损的原因有很多，其中有一项急待改善的是物流仓储费和库存积压偏高，吞食了利润和现金流。如果没有经营意识，多大的仓库都能被填满，仓库就是万恶之源。

在【理念+算盘】自主经营原理指导下带着目的来设计经营会计体系。

物流部门原来是做费用管理，生产系统对成本负责，销售对收入负责，这导致物流费用责任不清。从根本上讲，仓储物流部又不能完全对物流费用的增减负完全责任，最后导致无人负责。

公司对业务运作做调整，生产和销售、物流都进行独立核算，将物流部当作盈利部门做利润核算，与生产和销售部做内部交易；同时将报表由原来的运输费用，调整为利润核算，即销售额－费用＝利润的核算模式。按其提供服务的交易价格进行核算，物流部原来的成本中心转换为利润中心。

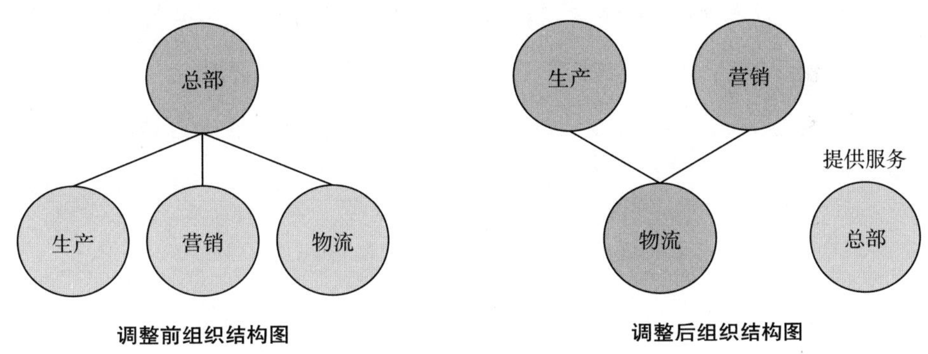

调整前组织结构图　　调整后组织结构图

试想，如果既要解决物流费用高的问题，又要解决总部费用无法控制的问题，怎么办呢？这时如何划分利润单位，进行内部交易后的经营会计利润表报表结构又如何变化呢？

依据销售额－费用＝利润的基本范式，可以进行产品、客户、业务模式、区域、品牌等多维度的分析，要想解决问题，先要知道问题在哪里，将这些看不清的问题回归到经营的本质上来解决。所以解决的问题不一样，经营会计报表结构就不一样。

经营是系统的、立体的一个动态和变化的过程，而且是环环相扣的；内部价值链的关键环节发生改变，其他相关联的要素项目就必须调整，否则就会脱节，无法贯彻经营者的意图。

总　结

❶概念的重新定义就是创新的开端，经营会计学颠覆了会计的常识。所以经营会计的本质不是会计学，而是“以数据为基础数字经营法的经营管理学”——亦称“【理念＋算盘】的经营学”。

❷经营会计三要素：销售额、费用、利润，简单背后则是瞬息万变的经营会计报表。

❸由于要解决企业经营管理的主要矛盾不同，企业价值链的业务结构会发生改变，内部交易结构发生改变；很多原来以费用来管理的部门，现在则变成利润责任，因此随之对应的经营会计报表构造也会发生改变。

第四章

经营会计科目

如同色彩斑斓的蝴蝶，虽然每一个个体都有着不同的美丽，然而五彩缤纷现象的背后却是完全一样的生命规律。探索《易经》智慧在商业领域的活用，找回经营会计的本真。

——田和喜

1

会计科目的本质

经营会计责任者能够充分运用经营思维、通过会计手法对经营过程及结果的数据进行活用从而帮助经营者指导全员的经营。作为经营TOP的参谋，不只是会用登载在财务报表上的会计科目以及数字等一般性经营分析指标，还要会洞穿数字背后能显示出其企业独有的竞争优势来指导经营。虽然是独特的竞争优势，但却并不需要高等数学或者复杂的统计分析来完成。而是只要运用加减乘除计算手段就能够看清楚优劣何在，并以此分析的结果作为下一步行动的指南。

会计有财务会计、管理会计，就好像小会计、大会计，因为他们的工作内容及目的跟意义不一样，所以就决定了对于会计内涵、结构、要素、科目的定义也不一样。

会计担当者并不单单只是公司的一个职能，他扮演着企业整体经营指南针的角色，贯穿到每一个部门。

所有会计从表面看虽然很像同一类人，但气质却完全不同。

财务会计科目的定义目标是为了实现统一性与通用性，便于国家收税及相关利益者来进行解读。所以它的科目定义是比较固定的，遵循国家会计法的相关准则。

经营会计的目的是为了看清经营实态，其科目并非会计科目属性，而是经营活动过程的行为表达，其本质是经营活动项目。

如：销售额分为对内销售额、对外销售额、销售折扣、应收账款损失销售额、销售折让等，清楚表达了销售额所产生的销售行为过程；再如：变动费又分为主材料费、辅料费、制造费、销售费、物流费等；如果没有制造费，肯定有采购和外协费，这就可以知道该企业的业务形态是OEM、ODM还是自己制造；销售费分为网络推广费、会销费、业务差旅费等，从此费用项目中就知道采取的何种销售模式。

所以，经营者从科目、项目设计就可以将战略、战术到战斗的落地来制定相应的市场策略、打法，用经营会计报表的结果是公司各层级经营者一眼就可以发现问题，并作为改善的依据。

经营会计的科目定义即一级科目只遵循基本的收入－费用＝利润形式，但当员工知道需要什么策略，就知道安排或调整哪项经营活动以后，二级科目开始遵循企业经营业务实际活动进行个性化设置，所以每个企业的科目都是不一样的。

财务会计是用科目记录下来具体的经济业务，但经营会计是以科目为基础，让全员都能来直接发现问题并进行改善。

1. 要素与科目的关系

经营会计科目，是对会计要素的具体经营活动内容进行分类核算的项目，也是经营业务活动的具体呈现。即与该自主经营体经营活动相关的一切支出均归类，并按实际支出用途和目的用科目记录、体现。

财务会计科目是对会计要素对象的具体内容进行分类核算的类目。说通俗一些就是对经营业务的描述，如天气太热了公司用现金2000元买了一台空调，于是记录下来，即对应的会计科目是“现金减少，固定资产（空调）增加”。

2. 科目与业务的关系

经营会计的科目是独立核算单元各项业务的过程及结果记录，而且经营会计科目侧重于细致地反映经营业务的真实状态，记录下经济业务活动，并反映该自主经营体的真实经营能力所产生的结果，以此为基础，作为各项经济活动改善的依据。

比如说：ABC公司之前是将客户退货直接扣减销售收入，该公司负责人认为在财务会计的处理中，是将所有的销售收入打包混在一起的，也没必要单独定义。而在经营会计中，企业的经营者想要了解实际经营中究竟是因为什么原因造成了多少的客户退货，因此对经营利润造成多少的影响。

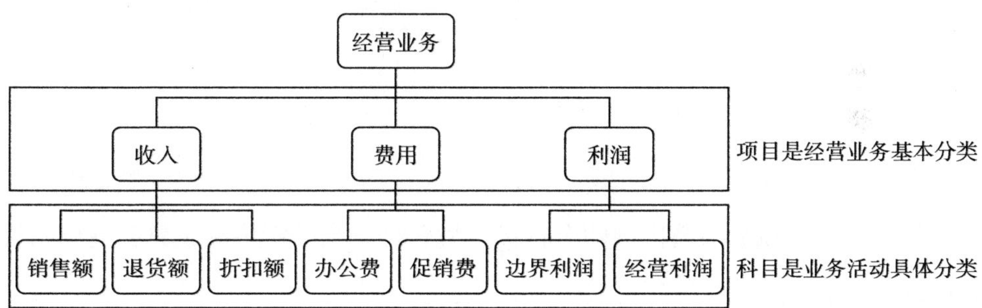

由此，经营会计针对各独立核算单位增加一个会计科目——“销售额——退货额”。据此反映经营的实态，并找到相关的责任人。也由此追究相应管理的流程和机制是否合理。

经营会计科目的设置与分类

经营会计科目名称的设置原则及标准，是经营会计要反映经营的实态，并能指导各级经营者直白地发现问题，解决问题，所以其科目设计一定要如实反映业务活动过程。设置经营会计科目到底要遵循哪些原则和标准呢?

1. 经营会计科目设计原则

①反映企业的价值观。如就销售额而言，一种以客户价值为中心理念，就有基础销售额和奖励销售额两个科目；另一种是利己销售额，只有基础销售额科目。

②反映业务活动的基本特征。同样一笔费用既可以放到销售额扣减，也可以放到变动费，甚至还可以放到固定费中。但是在经营会计中，品质失败退回的成本是多少，产生何种变化？就要追问为什么退货。退货所产生的物流费用，财务会计是不会去计算的。但在经营会计中要将正常的物流费和退货的物流费区分出来，然后必须进行细分。这里能看出业务特点，因为品质失败，物流费是多少，下个月怎么让品质提升，追究责任，明白如何改善。

③实用性。经营会计与财务会计不同，财务会计按国家要求设置会计科目，经营会计本质是为体现经营体业务活动作为内部使用，所以科目的定义表述都必须直白，一看就懂，容易达成共识。

2. 经营会计科目名称的设置标准

①能真实体现经营业务，细化到能看清楚业务活动，可以进行清晰分析即可，如本章第1节讲的退货费。

②以解决问题为导向设置。如，要解决库存的问题，可以设计库存损失、库存利息。

与该自主经营体经营活动相关的一切支出都必须对应相应的经营项目，并计入对应的经营会计科目中。如果找不到，就要修正科目的设置。

③以影响效益程度来细分设置。并不是所有的费用都要单独设计科目，原则上根据2：8原则，对经营结果影响80%的，设立清晰的科目，另外影响小的可以打包统一做一个独立科目。

比如：人工费有各种小福利，如水果、防暑降温费、生日礼物等，这些可以统一打包成一个科目。最主要的目的是要看改善哪里，根据2：8原则，对经营影响大的重点改善。

④当一个科目所描述的活动不能划分清晰是属于哪种费用属性时，一般可按企业原有会计科目进行拆分或重新进行会计科目的细化设置。

3. 科目的分类

根据企业的实际业务，运用企业的原始数据，结合本企业特点进行操作，简单、易懂、有效，向经营者全面地反映企业经营的实际状态，为正确、及时的决策提供可靠保障。

一般设为三级就能满足基本使用要求。

各单位由于经营业务活动的具体内容、规模大小与业务繁简程度等情况不尽相同，在具体设置会计科目时，应考虑其自身特点和具体情况，但科目属性划分遵循以下原则。

①反映经营者意志。从实际出发，比如人工费，日本企业的做法是放到固定费中，而中国企业把业务员提成会放到变动费中，基本工资则放到固定费用。这反映的是企业老板对于人的看法是不一样的。

再比如销售折扣和赠送品，这个科目可以被当成销售额扣减项，也可以当成变动费用，所以理念不同，会计科目的设置及属性定位不同，经营会计报表的结构就不同，相由心生。

②业务特征属性相关性。与主营业务相关，主要用于分析经营的数据状况，与主营业务不相关的则通通拉到经营利润的后面单独设计科目。

③价值链业务相关性。相关，则其科目划分可以放到一起。如生产关联归为生产变动费。

3

科目定义及分级

1. 科目设计及分级

可分为一级科目和二级科目，三级科目则以企业的实际情况进行分类设计。通常一级科目是固定不变的，一般分为销售额、变动费、边界利润、固定费、经营利润五个必备一级科目。其他有额外需求的可以按企业实际情况自己添加。

经营会计的科目设计可与现有企业财务数据结合，并依据经营需要增加二、三级，甚至四级科目。

经营会计科目按其反映的经济内容不同，即三大会计要素，分为销售额类、费用类、利润类。

①销售额类科目，是对销售额要素具体经营活动进行分类核算的项目。反映销售额类的有正向销售额和负向销售额，还可分为对外销售和对内销售额。对于二级以上的级别科目则不固定，按照需要随时调整。

经营会计余额确认：单项记录且分为当期和累计余额。

一级科目	二级科目	三级科目	四级科目
销售额	正向销售额	基础销售额	
		奖励销售额	
	负向销售额	销售折扣	
		销售损失	

②费用类科目，是对费用要素具体活动目的进行分类核算的项目，按费用产生的目的及用途，分为变动费用和固定费用。而财务会计费用划分为制造费用、销售费用、管理费用和财务费用。制造费用转入生产成本进入库存，以资产形式存在，在财务会计中是不直接影响利润的。而销售费用、管理费用和财务费用为损益类科目，直接影响主营业务利润的费用。经营会计不考虑资产存在形式，所以本质上没有成本概念。

所谓变动费，是指和销售额成正比例增长的费用。

反映变动费用的科目主要二级项有：生产变动费、销售变动费、其他变动费、变动费利息等，而三级科目则分为销售成本（原材料、采购成本）、水电费、会务费、差旅费、物流费、促销费、培训费、电话费、信息费、燃油费、服务费、维修费、展销费、邮寄费、公关费、招待费、外协费等。

一级科目	二级科目	三级科目	四级科目
变动费	生产费	主料费	
		辅料费	
		油费	
		电费	
	销售费	促销费	
		差旅费	
	其他变动费		
	变动费利息		

所谓固定费，就是不和销售额成正比率增长，没有销售额时也要发生的费用，而且在某一较短期间相对不变的费用。

反映固定费用的科目主要分为：人工费、设备设施费、其他固定费及固定费利息等二级科目，三级科目则在人工费类别科目又可细分为工资、奖金、福利、培训费等等。设备设施费又分为折旧费、租赁费、维修费等，如下表：

一级科目	二级科目	三级科目	四级科目
固定费	人工费	基本工资费	
		奖金	
	设备费	折旧费	
		装修费	
	其他固定费	书报费	
		协会费	
	固定费利息		

③利润类科目，是对利润要素具体内容进行分类核算的项目，按利润产生的构成情况，分为营业利润、边界利润、贡献利润、净利润、营业外利润等等。

边界利润＝销售额－变动费，边界利润是以变动费为手段而产生的经营增加附加值；它是表面上的损益，不是真实的利润。

思考：边界利润相当于财务会计毛利润吗？

贡献利润＝边界利润－核算单位直接产生的固定费，它表达的是核算经营体真正实际创造的直接价值增值，也就是为企业整体做出贡献的衡量。

净利润＝贡献利润－上级组织总部分摊固定费，是指自主经营体创造的直接利润剔除上级组织总部分摊的固定费用所得利润。

由此可以得到经营会计一般通用整体科目如下表：

一级科目	二级科目	三级科目	四级科目
销售额	正向销售额	基础销售额	
		奖励销售额	
	负向销售额	惩罚销售额	
		销售折扣额	
变动费	销售成本	主材料费	
		内部采购费	
	其他变动费	水电费	
		物流费	
		燃气费	
变动费	变动费利息	会务费	
		差旅费	
		邮寄费	
边界利润			
固定费	人工费	固定工资	
		社保福利费	
		餐补费	
	设备费	折旧费	
		维修费	
	其他固定费	协会费	
		网络费	
		广告费	
	固定费利息		
贡献利润			
	总部分摊费		
净利润			

经营会计报表详细科目是根据经营业务核算与管理的需要，对某些会计科目还可以进一步做细分，相当于财务会计的二级、三级、四级科目。就如同财务会计中的管理费用中有差旅费、办公费、招待费一样。

由于每个企业的业种、业务模式不一样，所以其经营会计的科目千差万别，没有固定形式，但其原理原则始终如一。

不变中的万变

1. 经营会计的不易

《易经》告诉我们，人和事纷繁复杂的现象背后一定潜藏中着不变的东西，即所谓“不易”。同样如此，各个企业的经营会计的外在面貌千差万别，像蝴蝶一样五彩斑斓，但经营会计的原理原则永远不会改变。

（1）经营会计构建的哲学原理

经用会计是经营者用来进行企业经营核算和诊断的经营工具系统，它既是一门系统会计学科，又是一门量化的经营管理学问，如同医生为病人治病的诊疗工具。

经营会计是企业运用【理念+算盘】自主经营思想最重要的抓手——量化工具之一。不仅仅是因为它简单、好用，更重要的是经营会计体系是以服务企业内部经营管理为目的，遵循经营的原理和原则而构建起来的量化系统，贯穿了大道至简的经营思想。

首先，经营会计贯穿了东方的哲学智慧。它的发明源于中国传统智慧《易经》“象·数·理”的简单哲学原理，从哲学的高度构建了经营会计学的基本原理。经营会计是一门给企业看病的诊疗学，它具有“象、数、理”的基本因果运行规律。“象”是指事物呈现出来的现象；“数”是数字，易经可以说是一门数字的学问；“理”是指事物产生、运行、发展及衰落等自然规律，是“数与象”之间的逻辑关系。所以经营会计体系又可以称之为“数字经营法的科学体系”。

每一现象都可以用数字表达出来，而数字是现象的投射，现象和数字之间的映射关系由其背后的运行规律而决定。正如我们去医院看病，医生望闻问切，一看面黄偏廋，再看眼睛黄色，这种现象就是“黄疸肝炎”的表现，去验血，得出黄疸素超标，而病根是肝脏功能异常所致。企业的经营也是如此，外在表现是报表数据，实则是生产、营销、物流、财务、人事等某些机能出了问题，而病根可能是经营的问题，即战略、理念问题等。

（2）经营会计构建的基本仿生学原理

企业如人，企业的“各业务的形态”类似人体的“面相与体态特征”；企业经营的“定量结果”犹如人体的“健康体检指标”；企业经营的“原理和原则”就像人体的“五脏六腑”运行机理。下图是类比人体对企业进行的研究。

“企业经营”与“人的经营”如出一辙。

其基本原理如下。

其一，企业是由复数的“生命”事业（SBU＝战略的商业单元）所构成，是一个复杂的生命体。企业又是一群具有共同理念的“人”的集合，它具有“独特的生命人格”，没有完全相同的企业。

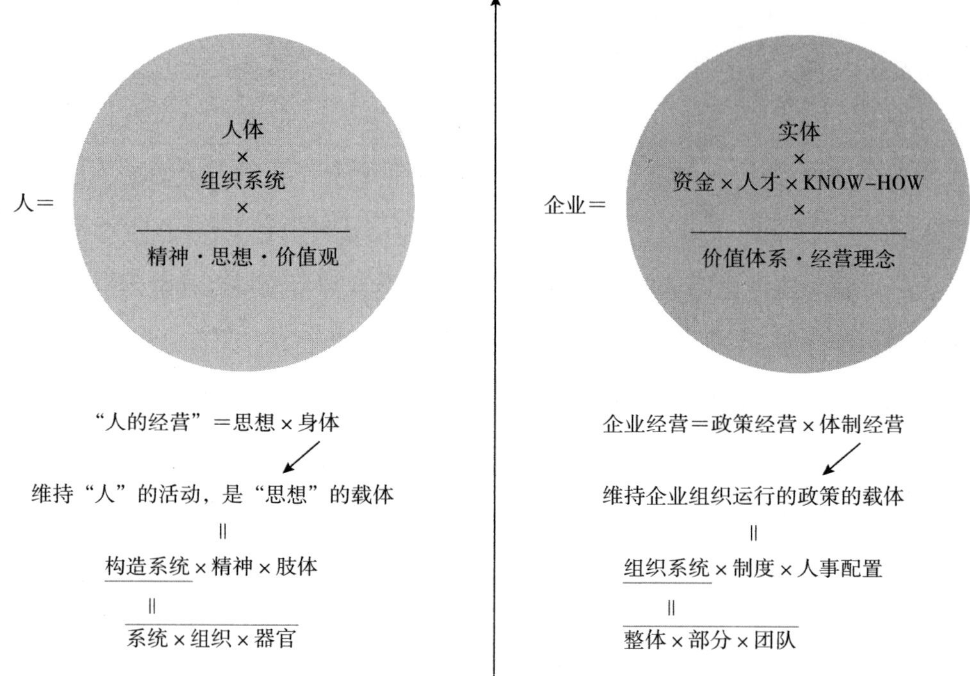

其二，“政策”以“体制”为载体，进行贯彻执行，而策略制定及其执行得好坏，就表现为经营的结果。“人”的“思想”是通过“人体”作为载体，通过肢体动作、神态、语言表现出来。而表现出来的“人体”特征，即是对“人体”经营的结果，相由心生。

其三，企业经营的“健康状况”表现出了企业的“业务模式”特征状况，而“人”经营的健康状况表现出了人的“体态、体质”特征状况。“人体”的经营结果——“体质”的好坏是可以用“高矮胖瘦轻重”等系统定量数据描述出来的，从而给出“定性”的判断和诊断。

其四，企业的经营结果同样可以用经营会计系统“定量”描述表达出来，从而给出“定性”的判断和诊断。

其五，当“思想”足够大，而“身体”不能支撑时，即“大人的思想”——挑100斤重物，而“小孩”的身体只能担50斤重物，却给他压上大人才担得起的100斤，人就会被压坏。所以，企业经营只有当“经营政策”与“经营体制”协调平衡发展时，企业的“体质”才会健康，而企业经营理念及目标一定要和企业体制规模的水准、大小相匹配。

其六，企业体制、规模偏小，经营理念的高度也低；而当企业发展大了，其理念水准倘仍不提高，则难以支撑企业规模。所以企业经营理念、策略、目标一定要和企业经营体制、规模水准、大小相匹配。

其七，企业的病症分为两大类，理念策略目标太大，但资源不足、组织生产力不足，企业得的是“侏儒症”；体制规模太大，但资源浪费，结构臃肿，企业得的是“巨人症”。

其八，企业的经营管理如同人看病一样，需要系统诊断，找到病根，中西医结合治疗，重点突破。利用经营会计的量化手段来治疗企业，就是中西医完美结合的体现。

（3）经营会计报表的构造原理

虽然各企业的经营会计报表的结构及具体的科目呈现不一样，但逻辑构造是一致的。

首先，销售额－费用＝利润，是经营会计构造的起点，这一框架建立了经营会计应用的基础。用这一回归原点的思考方式统一高层、中层、基层的沟通语言，回归到企业经营整体的利润提升上，目标高度一致，从而实现目标共同体、利益共同体，激活小组织和个体。

其次，经营会计管理体系永远是为遵循贯彻经营者意志、反映企业业务特征、解决经营问题而设计。

最后，经营会计报表类似人体结构，分为上部和下部。销售额、变动费、边界利润称之为上部，相当如人的头部；边界利润、固定费、经营利润称之为下部，相当如人体颈部以下的躯体；边界利润相当如人的颈部。

2. 经营会计的变易

经营会计的变化，是由于企业经营的理念、策略、体制及经营活动特性不同，表现出来的经营会计损益表的内容、科目设计等千差万别。

基础销售额、损失销售额、扣减销售额、奖励销售额等，哪些科目背后是利他的理念，哪些是利己的经营理念呢。如同海尔的人单合一会计，如果加上客户价值项目，那又当怎样表达呢?

同样是赠品费用，是放到促销费作为变动费呢，还是放到负向销售额呢？这都是直接反映经营者意志的表达。

同样，规模不同企业，其经营策略不同，有单一直销的，而有些又有渠道销售，有些有线上销售，有些还有线下销售，其变动费的科目多少及责任范围都宜直接体现出来。固定费也是如此，有些自己不做加工，则没有制造设备折旧费，变动费中就不会有加工的水、电、能耗等科目。

关于利润的科目设计就更是千差万别。我们曾经服务过一大型饲料企业，其经营会计报表设计有：

销售额－原材材料＝毛利润（采购附加值体现）；

毛利润－变动费＝边界利润（策略附加值体现）；

边界利润－直接固定费＝贡献利润（某组织直接贡献价值）；

贡献利润－分摊固定费＝纯利润（间接贡献的企业价值）；

所以，经营者意图和业务属性、看清楚关键环节需求不一样，利润设计完全不同。

我们来看业种、业务模式不同所产生的几种不同的报表。

表A　　热电厂的生产部经营会计损益表

科目			单价科目		计划值
一级	二级	三级	流量（t）	单价（元/t）	元
销售额	蒸汽（t）	0#管			
		1#管			
	小计				
	热水（t）	多文忠水厂			
		东尧浴池			
		化学厂换热站			
		直供水网			
		东窑换热站			
	小计				
	供热量（GJ）	5#热水炉循环水			
		直供水网循环水			
	小计				
	外网送水(t)	山上首站			
		安居换热站			
		鸭纸用水			
		除盐水			
	小计				
	石膏（t）				
	小计				
销售额合计					
变动费	销售成本Ⅰ	煤（t）			
		临江水（t）			
		氧化钙（t）			
		氨水（t）			
		盐酸（t）			
		受入电量（kwh）			
	销售成本Ⅱ	聚合氯化铝（t）			
		钢球（t）			
	小计				

续表

科目			单价科目		计划值
一级	二级	三级	流量（t）	单价（元/t）	元
变动费合计					
边界利润					
固定费	固定人工费	员工固定工资			
		员工年终奖金			
	小计				
	设备维护费	在线监测维护费			
		空压机维护费			
	小计				
	固定电费	基本电费			
	小计				
	设备维修费	设备折旧费			
		设备检修费			
		其他			
	小计				
	其他固定费				
固定费合计					
经营利润					

零售额店铺经营会计报表：分商品利润

科目	A部门	B部门	C部门
销售额			
采购成本			
毛利润			
交付手续费			
库存利息			
销售总利润			
员工工资			

续表

科目	A部门	B部门	C部门
合伙人助手工资			
临时工工资			
销售人员工资			
卖场房租			
直接卖场利润			
分配销售员人工费			
收银员人工费			
卖场利润			
其他人工费			
广告宣传费			
销售备品费			
促销费			
水电费			
礼品费			
配送费			
店铺管理费			
店铺利润			

从上面两个表可以看出，不同的业务特点和经营者使用目的不一样，其构建经营报表的形式完全不同。

科目是经营业务体现的载体，根据公司规模的大小，小型公司的财务人员可以简化处理企业的情况，但如果是大型企业的管理者用财务思维合并各独立核算单位的报表后，经营者难以发现问题，所以很难产生创新思维。

切记一句话：千万不要按财务思维合并经营会计报表。

> **思考：** M公司为某知名品牌女装生产企业，于2017年12月财务账上显示当期营业利润有200万元，但历史遗留存货价值超过500万元，请问该企业想改善目前遇到的困难可以增设哪些会计科目？

3. 经营会计的简易

经营会计简易，表现在如下几个方面。

（1）规则简单

经营会计的规则，依据经营者意图、业务特点而制定，而且是单式记账。它是反映企业真实业务活动的过程，所以其科目定义、统计标准、核算规则等都是依据业务流程和责任而设计的，很容易被业务当事人理解。

（2）运算逻辑简单

经营会计始终如一的逻辑是：销售额－费用＝利润，其他所有的数字加工只是简单的加减乘除基础运算。经营管理绩效评价实际根本是费用的使用评价管理，而变动费是用费用与销售额的比率实施管理；固定费管理方法有两种，固定费绝对值管理是对生产能力的计划管理，而边界利润与固定费的比率管理则是劳动生产率大小的管理。盈亏平衡点的管理是固定费与边界利润的比率的标准管理。

（3）易懂易用

经营会计是直接反映实际业务的活动过程，对于经营会计体系的构建是遵循类比人体构造，所以经营会计背后的科学思想通俗易懂，而且有形象的体验感。

经营会计的活用不难，它不需要财务的专业知识，而是根据业务的实际展开来进行分析，与业务过程紧密关联，是业务过程的再现。所以全部员工参与数据报表的填制、规则的拟定、报表的生成、分析等全过程，每个员工对于自己的业务数据很容易懂得前因后果，结合实际业务运用就变得易于理解。所以只要清楚自己的业务展开过程，就容易看懂经营会计报表的内涵。

在这一点上，与财务会计完全不同，财务报表专业名称多，而且所有的数据规则、统计、出表、分析都只是财务人员进行，所以把财务会计报表给到业务人员时，当事人就很难分析到位。正如我们常说：有参与，才有认同。这就是自主经营最大的好处。全员参与了，就很容易达成一致。

过去梳理会计科目，是财务人员梳理出来。而经营会计一定是与员工共同梳理出来，各自主经营单位组织员工一同讨论业务过程得出。

宁夏YP公司，初时觉得经营会计挺简单的，王总监已经在公司服务了十三年，按说设计增加几个会计科目非常简单，但是通过大家讨论发现不一样了。

而且通过大家讨论确定下来还有一个好处就是转移矛盾。因为规则是你自己定的，大家在制定游戏规则的过程中，互相交流，供产销人员坐到一起，共同探讨的。自己定的规则自己不能打嘴巴，不能推脱。不然所有责任就是财务部门的，其他人员全做裁判。

总　结

❶经营会计的科目并非会计科目属性，而是经营活动过程的行为表达，其本质是经营活动项目，科目对应的数据就是经营过程的投射。

❷经营会计的科目是为了能直白反映问题，解决问题而设计，其设

计要遵循业务关联性、经营者的意志。

❸经营会计科目归类反映企业经营者价值观及其与销售之间的变化规律。

❹经营会计具有不易、变易和简易的特性，掌握三大特性就能易学易懂易用，活用于企业经营。

❺不管多么复杂的业务，各种不同面相的经营会计规则、报表，其经营会计背后遵循的原理原则是不变的。

第五章

经营会计与独立核算

经营会计是独立核算不可或缺的工具，通过内部交易的引入，细分组织，分段经营，独立核算，从而使经营者告别难言之隐。经营会计损益表就像照妖镜一样，使经营状况一目了然。

——田和喜

1

与经营者的同频思考

1. 老板与会计

老板做生意久了，光鲜的背后总是承担着更大的孤独与寂寞。所以他们对于事物本质的思考比一般人理解得更深刻，也正是如此，他们往往不被理解，都会感到“孤独无助”，需要“外人”去帮助他们打通任督二脉。见多了孤独的老板，你会发现他们都有共同的烦恼，孤独的英雄主义和落实不了的理想主义的情怀，最后竟在无尽苍凉与血色中妥协。老板的立场与职业经理人立场为何差别如此之大呢？

TJYY集团是一家从事进出口航空、海运、港口码头作业及货运代理一条龙的服务公司。杨总从接手TJYY集团某分公司业务之后，不久扭亏为盈。但好景不长，最近又感觉到非常苦恼。以前企业困难的时候大家都齐心协力干，全公司省吃俭用，工作餐从五块钱降到三块钱，甚至厕所的卫生纸都不用了，基本上能减的都减了。从刚开始发不出工资，再到现在赚钱有奖金发了。可是问题来了，赚到的钱怎样分配才算合理，如何分配才能调动员工的积极性呢？

怎样才能到大家一致的理解呢？

其实杨总在任职之后，叫财务拿出了以前的会计账目，并责令财务会计做出分析结论，但令他意想不到的竟全是“糊涂账”。杨总把财务叫到跟前，询问道，报关、码头作业、进口货代、出口货代哪个赚钱？是三星、索尼直接业务赚钱，还是间接的代理业务赚钱呢？一问三不知，杨总陷入了沉思。

如何才能把业务贡献看清楚呢，不然如何奖罚，怎样调动全员积极性？上任之初，杨总试图以强硬管理来推动改革，然而没有员工响应，孤掌难鸣。最后杨总接触到我们后，全程学习了【理念+算盘】自主经营，一年后运用这一手法，用数字说话来统一思想，彻底扭亏为盈。

杨总运用的手法就是通过内部交易把所有部门串联起来，形成一个企业内部市场。把企业内部的产品、服务、提供的资源用内部计价的方式，通过经营会计导入，实现每个部门、客户、每个业务环节、产品等多维度进行有收入、有费用、有利润的核算。然后让每个部门按照经营会计报表，参照“销售额最大化，费用最小化，利润最大化”这样一个原则，去展开各自的工作。

通过内部交易产生的结果，每个核算小组织进入到每天、月的业绩评价循环改善的体系，每一个小组织都围绕自己经营的提升去做文章，最后就是全员参与经营，于是年底的业绩分析会便一目了然。

为什么财务会计难以提供杨总想要的数据呢？因为西方的财务会计强调规则秩序和逻辑程序，财务会计其科学系统化的模式设计，是以防范和控制为出发点，给权益人最后的总报告。

而经营会计源于东方的智慧，相信人性本善，以利他的立场与制度相结合，并将理念、制度与数字彻底融合，从而相互影响，来激活人的潜能。

2. 消除“三不能看”的经营

企业从100个人变成1000个人后怎么去经营，如何发现问题、解决问题呢？这是老板的一道难题，正如日本人的总结，“中小企业一大了就成脓包”。企业大了，成了一盘“大烩菜”，拿出来的报表，老板看不清、看不透、看不系统，常称“三不能看”的经营。

所有的大公司都是由小公司发展起来的，王老板从一个山村中背着两个麻袋赶火车起家。从贩卖荔浦芋头到现今的工业化大型食品生产工厂，企业越做越大，已经感觉到力不从心，原来销售额1个亿赚2000万，现在销售额3个亿还亏损，究竟是哪个环节赚，哪个环节亏，完全不清楚。要想搞清楚，就必须通过内部交易将各环节的问题摆出来。

同样原因，餐饮零售，店铺越来越多，供应链越来越复杂，是采购供应链贡献多，还是销售店铺贡献大？哪个店铺贡献更大，哪个菜品赚钱多呢？哪个厨师开发菜品、炒菜的出量多贡献大呢？

制造业有多个工厂，到底哪个工厂赚钱呢？每个工厂，哪个车间、工序做出了更大的贡献？谁进步更大呢？销售与生产、供应链的贡献在哪呢？哪个客户、哪个区域、哪个品牌、品类、产品系列更赚钱呢？直营、代理、网销、门店，谁赚钱呢？

批发行业的产品种类多、客户多，如何分品牌、分品类、品种，分客户类别，分销售模式等看清楚其损益呢？

针对以上这些不同行业的不同业务不同特点，老板要的不是混合型统一的一张财务报表，而是分级别、组织机能别、分区域、分品牌、分产品、分客户、分模式等各种不同的经营会计利润报表。

有了各个维度的经营会计利润表，就能搞清楚其客户、品牌、内部各工序的贡献价值，对于分析问题、解决问题，评价考核、论功行赏就有了量化的依据，老板经营不再烦恼。

对于天然具有独立核算属性的企业，就像某大型集团，其全国有1000家影院，每家影院都可以成为一个天然的独立核算体，但这里的区别是影院独立核算采用的是票房收入，但前期的固定资产投入也很大，且借用总部资源也相当多（如广告费、管理费等）。

为了核算真实的盈利能力，就需要通过内部交易。大家以前看的是销售额，对利润的数据以及客户满意度心里并不清楚，只有店长知道，但是店长算的就是准的吗？店长看到的仅是销售额－分成费用－运营费用＝利润，但这里的会计折旧是按照10年来计提折旧的，实际经营的折旧4年就要翻修，且分摊下来总部的各项费用，实际贡献的利润是多少呢？恐怕按照财务会计的处理都不能让老板满意。

尴尬的是影城都在招聘临时工，免费看电影都招不到人，无奈之下，只有由行政手段推动影城之间相互借用员工。某爆米花员工就此提出一项合理化改善方案，建议前台的岗位可以一个人完成，余下的员工派到其他店里支援，作为劳务外派计算该部门的收入，通过内部交易来完成自主经营体的转变。

具备天然独立核算的如：制造行业的ABC工序，可以称之为自主经营体。而谈到经营，即经营必须有收入，不然就是费用管理。企业内部交易就是实现内部市场化，把市场机制引入到企业内部，使企业原来由行政手段推动彼此分工协作，变为以市场推动发展。如果不做内部交易，就只有销售部门感受到市场的压力，生产、研发都感受不到。

内部交易本身并不创造价值，但通过内部交易让各环节都引入市场压力，以前总算不准、看不透的一盘糊涂账，现在都能看清了。

就拿订单式的生产部门来说，因为核算的依据有了销售额－费用，这时不仅会努力削减费用，而且还会与销售一起探讨应该如何与客户谈价格，真正能赚钱的单才接，不断优化客户，最后可以打通各部门，而实现企业整体利润的最大化。

不仅如此，通过内部交易，引入经营会计的核算，还可以让以前老板盯着员工去做的事，现在变成员工主动跨部门协作而将问题解决，因为每一个环节都与上下游员工利益息息相关；原来跨部门复杂的沟通就变得简单高效，更多体现的不是权力，而是责任的承担，如此就形成了服务性组织。

所谓看不清，也就是看不清谁（人、组织、产品、客户等）的贡献大、盈亏在哪？看不透是指从战略目标方针的执行、战术目标方针的执行到战斗各层面的衔接是否到位？而看不系统则是零散分析，而不能从过去到现在、局部到整体、当期到累计、同期与环比、经营指标到管理过程的关键指标进行整理。通过内部交易，化整为零，又能以零合整，如此一来就能清晰企业经营的全貌。

绕不开的内部交易

1. 内部交易的含义

对企业而言，一个产品从产生到最终流入顾客手中，可能经过若干个环节和部门，而每一个部门都可能会使用到其他部门的资源，又或者大家一起来完成一项工作，这个时候经营就变得复杂了。据此来说，所谓经营，就是如何能够看清楚每一个部门的经营情况，促进整体获取利润最大化，并找到未来资源投入的方向。

内部交易就是实现企业经营内部市场化。是指把市场机制引入到企业内部，在价值链上下环节以及服务与被服务部门之间形成买卖关系。各工序和存在服务关系的部门之间，由原来行政手段推动转化为有偿契约服务的自行调节的经营手法。内部市场化使企业资源的分配更公允，企业的运营更有效率。

传统企业会认为只有销售部门是盈利中心，制造部门是成本中心，所以由销售部门来管理利润，而作为成本中心的制造部门往往只专注于成本目标。换句话说，销售部门以什么样的价格销售产品，对制造部门并没有直接的影响。

经营会计中的内部交易虽不会为企业创造新的价值，但却能够改变各独立核算单位的经营意识。把由原来行政手段推动的彼此分工协作变为买卖关系的工作，化被动为主动，真正激活员工。不同企业的内部交易构建有很大不同，如生产型、销售型、服务型等多种多样。

2. 经营需要内部交易

老板最喜欢看到的场景是什么？实现销售额最大、费用最小，人人变成经营者。但是，为何从来默默无闻奉献的只有老板？如何让每一个员工和部门在企业中的价值体现出来？在实际工作中，很多工作成果都是多个部门配合完成的。如何确定每个部门的经营成果呢？

组织中既有人的因素也有资源的因素，组织的能力来源于分工带来的协作，没有分工就没有组织结构的活用。对于组织而言，无论是结构设计，还是人员的选择，都不能仅仅依靠管理的制度，而是组织本身就应该做好这件事情。

首先，内部交易通过虚拟市场，使全员具有经营的思想，强化经营意识。通过全员参与，调动起每个成员的积极性。通过算账及时看清企业问题，找出关键问题之所在，如此一来，就能锻炼全员的经营能力。

内部交易中导入内部市场机制，就可以将原来销售承担的压力传导到内部各个机能部门；虽然没有真实的货币资金往来，其独立核算是虚拟的利润而存在，所以不能与员工的收入直接挂钩，否则会让员工仅仅盯着钱看，而失去循环改善。

其次，因为财务会计遵循的是权责发生制原则，比如生产和营销同样销售一件产品，其真实的生产成本和销售收入确认时间并不吻合。由此就造成了当期销售收入匹配的只是过往的部分成本，也由此造成企业大量存货资源没人负责；另一方面，如果不把销售和生产分开利润核算，则当期费用与销售额不能匹配，即难以分析出真实的问题。

通过内部交易使各环节的问题能真正暴露出来，才可以循环改善。

最后，全员经营思想的本质就是培养真正的经营人才，批量复制人才。而人才出现和成长的最好方式，就是把一切交给市场。在商海中拼搏，让真正的经营人才脱颖而出。

活用内部交易这杆秤，真正能使企业的短期与长期利益、全局与局部利益协调一致，最终实现企业整体利益最大化。

我们曾经协助很多企业解决该问题，以下是利用内部市场化解决了A公司很多棘手的问题的案例。

A公司是某行业最大的制造企业，以全球的供应链服务和事业部制度享誉全球。2014年，该企业销售额超过240亿美元，400多个事业部，在全球70多个国家和地区有2000多个客户、超过12000家供应商，该企业历经百年而仍然保持着高效率的运营，职能部门开支仅占毛利总额的3.6%。

在A公司的发展过程中，其内部交易制度不断完善，在如下方面为其高速成长提供了保障：比如，销售与生产插单的问题一直令人头疼，A公司采用了如下的方法进行解决。

由于内部交易形式的导入，内部市场使得各部门清晰核算。

①生产部门正常交付价格是1元/支，确实有客户需要插单时，卖给营销部门1.2元/支。

② 面向客户及市场，真正急单由销售判断切实提出需求。

③ 各部门之间主动沟通协调自行解决。

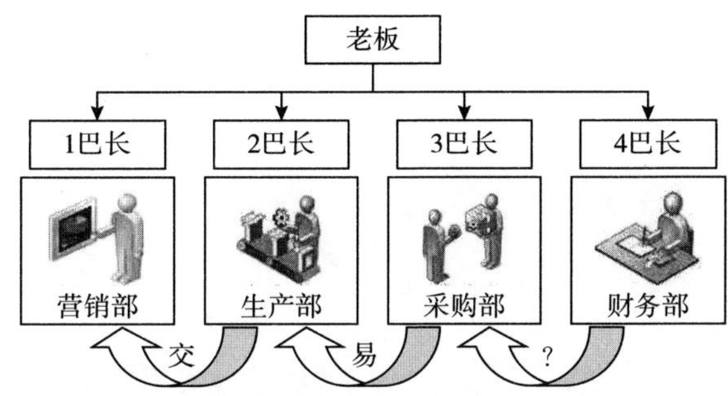

④对于生产系统交付拖延，则同样用交易定价来解决。

延迟做处罚折扣定价9.8折/3天内；9.5折/一周内；当运用价格杠杆后，销售人员坐办公室明显减少，纷纷跑勤去客户方了解客户真实的需求。而生产系统也不会推卸责任，而是主动去沟通供应链，原材料的到货情况，于是压力层层传递，员工主动去解决问题，而不是等上级指示。

通过实施内部交易，导入内部市场化，很容易实现用经营来驱动管理，实现企业自约束、自组织、自驱动、自经营、自激励、自进化。

3

经营会计与独立核算

1. 何为独立核算

很多企业都希望员工可以打破原有部门的界限，绕过原来的中间管理层次，直接面对顾客，以群体和协作的优势赢得市场主导地位。从而使各组织变得灵活、敏捷、富有柔性和创造性。

但当企业发展到一定规模，不同事业部之间（或不同的业务部门之间或子公司之间）的协同日益困难，业务部门与职能部门之间的协同效率也日益降低。而大家都知道，这些部门之间明明是需要协同并且可以协同的，但事与愿违，如何解决这一难题？

当把企业划分成一个个小组织（识别最小的利润单位），也就是将公司分为多个独立经营的利润部门，按照市场价格进行交易，让各部门间形成买卖关系（内部市场价值链），对最小组织以利润为目标进行经营核算，我们把这种手法称之为独立核算。

独立核算方式需要对各小组织其本身生产经营活动或业务活动过程及

其结果，进行全面、系统、独立的记账、算账。为了适应激烈的市场竞争和快速变化的环境，在理念和战略统一的指引下，把经营权下放到基层，实现量化赋权赋能，全员参与经营，自我决策，因而各个小组织具有很强的灵活性。

通过经营会计报表，对其经营活动进行分析检查等一系列工作。实行独立核算方式的组织通常都独立编制计划，独立经营，自负盈亏。

独立核算是内部交易的结果，各独立核算单元由于内部交易的导入，将原来的成本管理调整为对公司整体利润的关注，因此每个小组织有了利润核算及改善的依据。

2. 经营核算与成本核算

在企业的小组织经营落地辅导中，我们常常给企业说一句话："人手一张经营会计报表"。很多企业的领导和员工就会很诧异，"经营会计报表是什么，是会计报表么？""会计报表不是财务才会有的么，我们怎么会做哟！……"诸如此类的疑问。然而，其实并非如此。

这时我们会问大家，经营的结果好坏用什么来衡量？如果是利润的话，其基本原则是"销售最大化，费用最小化"。所以才会有经营会计报表通过紧密结合市场数据，在第一时间反映市场变化情况，及时把情况反馈到现场，便于各小组织做出相应的经营决策。

稻盛和夫曾说过，经营无非就是解决如何扩大销售额、如何减少费用的问题，一点都不难。日本京瓷公司和KDDI都是按照"销售最大化，经费最小化"这条异常简单的原则，成就了两家世界500强。

而管理的成本核算是财务会计和管理会计的范畴，更倾向于一种成本的控制，且企业的管理者在管理过程中容易形成"控制"的惯性思维，管理能力的提升不代表利润一定会增加。随着市场的变化和竞争的加剧，迫使管理者及全体员工站在经营者的高度去思考问题，就公司利润如何提升一起想办法。

经营核算是以利润为目标的核算，始终坚持利润最大化；成本核算则重在“成本控制”。从经营角度来看，成本降低不一定就是好的，因为每个企业策略不同。如保时捷汽车是卖价值，所以它要的不是成本下降，它要的是品牌溢价，更高的附加值的增加。而对于普通汽车则要的是总成本相对下降，因为它追求的是价格。而且往往财务的成本下降，首当其冲的是采购价格下降，在实际操作中，很多人就是这么粗暴地理解，其实这就是曲解！

如某LQ啤酒公司是“生态鲜啤”的差异化产品定位，因此它买的是最贵的麦芽，而且采购价格以5%每年上涨，但是公司要求供应商送麦芽到车间发酵罐，而不到仓库，因此单一看采购价格很高，但总供应链成本相对销售额来说更低，给产品带来的溢价更高。

经营核算与成本核算的区别如下。

（1）核算标准不同

经营的独立核算使各小组织用以收入－费用＝利润的核算标准，对各个经营环节和部门所发生的期间费用遵循一一对应，进行汇总核算，对于不能清晰分开的工、费、料，则基本进行分摊计算。成本核算并不遵循一一对应，大部分费用是汇总分摊，研究的是生产对象的成本。

（2）核算及使用对象不同

传统财务成本会计一般提供财务数据的对象是股东或高层经营者，而经营会计的经营核算提供及使用的对象是各小组织全体成员。

（3）计算准则不一样

传统财务会计成本核算是严格按照企业会计原则、财务报表规则、商法、税法等进行科目设计，且要考虑各项成本费用确认标准；经营会计经营核算则根据企业的业务种类和规模、企业组织、主要产品、区域以及不同项目而建立能独立核算各单元收入、费用、利润的体系，真实反映经营问题及经营能力。

（4）压力传递不同

经营独立核算可以让股东或经营者能直接看到公司的经营状况，且各小组织采用市场价格倒逼的方法来降低各项成本。如销售部接到订单后，发送到生产部门，生产部门会以订单上的价格为基础想尽一切办法来降低费用，以用最少的费用做出令客户最满意的产品，从而达到利润最大化的目的。

（5）意识不同

财务成本管理与经营管理的意识有根本不同。成本核算方式与市场脱节，财务的成本核算很难传递压力，以成本管理为目标不能适应当前的市场竞争。成本核算管理的思想，只是朝内看跟自己比，而没有看到竞争对手，所以成本下降了企业不一定会有经营利润。各组织按照所设定的成本标准值进行工作，如果达到就是好的，这是追求企业经营的下限。

经营是以利润为目标的核算，必须有利润，它所追求的是上限。经营的核算能充分调动全员积极性，促进大家付出不亚于任何人的努力。

经营核算是经营意识，成本核算是管理意识，两者的思维模式完全不同，前者多是利他思维，后者多是利己的思维。

3. 独立核算与内部交易

当下，互联网以海啸般的威力正在吞噬一个又一个企业、行业，多少曾经称王称霸的垄断企业，最终都没有经得住互联网浪潮的考验，黯然谢幕。而值此关头，由于中国一些企业先行者推行的显著成效，阿米巴经营赚足了眼球。但在企业经营管理者一双双注视的目光背后，甚至也有不少企业走进误区：原本希望员工拥有利他之心，到头来却发现部门之间针锋相对，损害了企业的整体利益。更有业内专家直言，以引入内部市场化促进全员自主经营为名，只能带来更厚的“部门墙”。很多企业认为阿米巴难以适应中国土壤。这些认识之所以会产生，其根本原因在于没有掌握阿米巴经营背后的经营大道——【理念＋算盘】自主经营的原理原则。事实上，自主经营的终极目的是培养经营型人才，独立核算与内部交易只是表象与手段。

没有内部交易就没有经营的独立核算。为了实现“销售额最大化，费用最小化”，让全体员工都能够站在“老板”的角度不断地思考：如何提升业绩？如何降低费用？哪些地方还存在改进空间？这才是内部交易的精髓。

4. 用利润核算拴住管理的牛鼻子

【理念＋算盘】自主经营最重要的价值，在于抓住了经营的主线——经营的目的和目标，来驱动企业管理提升，即用经营思维来解决管理问题。

我经常观察到不少管理制度都是形同虚设。例如，很多酒店餐厅都会要求员工查验客户的早餐券，但全程都很负责任的员工并不多，每天漏登记几张是很平常的事。

为什么？因为登记不登记对该员工的报酬没有直接影响，该员工更不需要了解企业经营早餐是否赚到钱。这时候制度就成了摆设。如果管理者能换种做法，让经营早餐的利润跟员工本人产生一些关联：一张早餐券50元，如果100个人，当天收入5000元，用收入减去经营早餐的成本费用，将利润与员工的收入直接或间接挂钩，这个问题就很容易解决。

事实上，企业在成立初期没有那么多烦冗的规章制度的时候，会很赚钱。但后来企业越做越大，管理越来越追求精细化，结果发现，大量的规章制度都要人去维护和执行，成本高企。流程和制度越来越厚重，大家只对流程负责，模糊了获取利润的基本目标。这是过去三十年中国企业学习西方管理后普遍存在的问题。所以，只有用“经营的思维去解决管理问题，才能把复杂的管理变得简单化”，才能真正在后信息化时代支撑中国企业下一阶段的转型提升。

中国企业已经越来越大，精细化核算多个环节，财务与业务融为一体成为一种必然。

今天信息传播通路越来越多，经营的业务模式更加复杂多样，如何看清每个环节，必须把大企业划小，即大战略小组织经营，对小组织以利润贡献进行考核，明确哪里有贡献，贡献在哪里，贡献是多少，以内部市场化为基础的小组织独立核算就成为唯一的手段。

5. 独立核算的神器

对于公司整体的经营，如果不去抽取，在眼花缭乱的数据堆里，员工即便看了那些数据，也无从知道自己对企业利润贡献了多少。同样，假设公司出现赤字亏损的话，员工看了也未必觉得与自己有多大关系。并且，要读懂财务报表里面的信息，需要有一定的专业财务知识。一般员工基本上不能从那里读出什么信息。

从收集数据到做出财务报表，每个企业需要的时间长短不一。但即便能拿到一年一次或者半年一次出具的财务报表，实际上，那上面的数据已经是过去时了，因为市场环境每天都在变化。

经营会计是通过内部交易机制，生成每个部门一张类似于家庭收支表的“结算表”。即便是没有财务会计的专业知识，也能非常容易地填写这张表。

说是类似于家庭收支表，其实经营会计报表和家庭收支表的格式基本上是一样的。家庭收支表里面通常有收入、支出、剩余这三大项目，而收入和支出又分别有明细。收入的明细有“工资收入”“其他收入”，支出的明细有“还贷款”“餐饮费”“衣帽费”“水费”“电费”“煤气费”“教育费”“医疗费”“娱乐费”“保险费”“税金”等。家庭收支表的收入部分，就是经营会计报表的“总销售额”，支出部分就是结算表的“费用”，剩余部分就是“利润”。

家庭收支表

工资收入	3500
打零工收入	1000
利息收入	200
减：还贷款	1000
餐饮费	300
衣帽费	150
水、电费	50
教育费	300
医疗费	200
结余	2700

↔

生产1车间经营合计报表

单位：万元

一级科目	二级科目	计划	实际	差异
销售额	A产品			
	B产品			
	…			
变动费	原料A			
	原料B			
	水电费			
	…			
边界利润				
固定费	基本工资			
	折旧费			
	分摊房租费			
	库存商品利息			
	…			
经营利润				
每月单位时间				
附加价值				
单位时间生产量				

独立核算的目的是“让所有员工都参与企业经营”。获取利润不只是经营者的责任，每个员工也需要管理好自己的收支，并对自己的责任利润负责。为此，就需要把企业组织合理地划分成多个小的组织，并在每个小组织中安排一个人当领导，就像经营一家小公司一样来经营这个小组织。这样，企业就是一个由许许多多小公司组成的集合体。

但实际上，我们不能真正地去成立一些小公司。要设立公司法人，就需要在每个公司法人里面设置许多管理部门，这就会产生一些浪费。所以要通过经营会计报表将每个独立核算小组织的经营情况量化体现出来。每个自主经营小组织的领导者管理收入和支出，一边管理费用同时创造对内、对外的销售额，看每天、每月能做出多少利润，并时刻关注这个利润与计划目标之间相差多少。每个组织成员也都要相互协助、集思广益，争取做到在降低费用的同时努力提高收入。而这种做法在理论上，跟每家每户根据家庭收支表来经营自己的家庭收支是相通的。

想让员工参与企业经营，就需要将经营变得简单易懂。“只要能填写家庭收支表，你就能从事企业经营”，为了让各组织的绩效变得一目了然，经营会计里还可以采取另一种表现形式——“单位时间附加价值”这个指标。

单位时间附加价值＝差额收益/总劳动时间

单位时间核算表（某月）——小学生都懂的报表　　单位：万元

<table>
<tr><td rowspan="3">销售额</td><td>对公司外销售额</td><td>24</td><td rowspan="5">【销售净额】＝
对外销售＋对内销售－内部采购</td></tr>
<tr><td>对公司内销售额</td><td>26</td></tr>
<tr><td>总额</td><td>50</td></tr>
<tr><td colspan="2">内部采购</td><td>20</td></tr>
<tr><td colspan="2">销售净额</td><td>30</td></tr>
<tr><td rowspan="6">费用</td><td>原材料费</td><td>8</td><td rowspan="6">【费用】不包含劳务费（人工费）</td></tr>
<tr><td>配件费</td><td>1</td></tr>
<tr><td>水电费</td><td>1</td></tr>
<tr><td>部门内分摊</td><td>1</td></tr>
<tr><td>部门间分摊</td><td>1</td></tr>
<tr><td>合计</td><td>12</td></tr>
<tr><td colspan="2">收益（附加值）</td><td>18</td><td>【收益】＝销售净额－费用合计</td></tr>
<tr><td rowspan="5">工时（小时）</td><td>正常</td><td>1600</td><td rowspan="5"></td></tr>
<tr><td>加班</td><td>200</td></tr>
<tr><td>部门内分摊</td><td>200</td></tr>
<tr><td>部门间分摊</td><td>200</td></tr>
<tr><td>合计</td><td>2200</td></tr>
<tr><td colspan="2" rowspan="2">月单位时间附加值</td><td rowspan="2">81.8元/小时</td><td>【单位时间附加值】＝</td></tr>
<tr><td>收益/工时/工时数合计</td></tr>
</table>

即便是组织的规模大小不一，其收益性也能够简单地进行比较。而且，单位时间附加价值在提高工作效率的时候是一个重要的指标。比如，某公司A工序做出100的利润原来需要100个小时，经过大家的集思广益和共同努力，现在只需要50个小时，那么他们的单位时间附加价值就变成了原来的两倍。如果再用节省下来的50个小时做出100的利润，那么利润就可以达到200。也就是说，通过单位时间附加价值这个指标，就可以看出剩余产能是多少，经营效率怎样，而且它是一个公平评价指标。

定价是一种收益方式

1. 价格的威力

内部市场化指的是企业内部模拟市场交易时内部的行政关系变成等价交换的内部交易，使组织内部感受到来自市场的压力，把组织存在的问题自动、清晰暴露出来，不被藏在里面。

每一个组织领导就可以像老板一样，围绕企业经营的结果来思考优化管理过程。第一步可能是费用的节约，再往后走会发现在正确的策略下要增加一些费用的投入。因此销售结构、销售结果都会产生变化。

关键是要确定一种与市场直接挂钩的部门核算制度。把通过行政指令无法达成的市场压力直接转移到企业内部来，只有真正跟着市场走，小组织才能够进行自主经营。

WB公司2008年成立于广州，公司主要经营手表（名表）、奢侈品，万表网是中国知名的电商名表商城。

然而经过6年的高速发展，却遇到了瓶颈问题，其成本一直居高不下，以

IT研发和销售部门开发的APP为例，经过多次升级改版，IT研发部门人员天天加班却始终无法让市场、客户及销售人员满意，以至于其产生的高额成本费用无人负责。这该如何解决呢？

未采用市场化以前，只有老板一个人关心费用，其他没人关心。至于销售部门要开发软件，随便立项，然而IT开发部门夜以继日加班赶出来的成果，却没有得到销售部门的认同，但又不能提出更好的建议，等于没人负责。

销售部门依据需求开发的APP采用招投标形式，直接对外招标，最终落实了APP项目市场定价。IT部门内部中标以后，销售部门即是客户，进行内部交易。销售部门为此要支付归属销售的费用，而此笔费用作为IT开发部门的销售额，此后销售部就非常慎重立项。即使立项，提交的项目开发需求也是经过深思熟虑的真正需求。

一般经营的做法是官僚作风，资源掌握在行政组织手中，和谁关系好，就会偏向优待。现在通过内部市场化运作与评价，就像滴滴打车一样，以市场为评价标准，以价格交易即可以保证企业内部①资源不被抢夺；②不会过剩冗余；③资源得到有效利用。

A公司通过做蛋糕的师傅用演示会和到店服务的模式来获得蛋糕奶油的订单。在1990年代，蛋糕师傅十分稀缺，没有对师傅评价定级定价之前，每个师傅每天出差，因为差旅费是公司出，与销售业务员提成无关，所以费用居高不下，好在当时市场刚起步，卖价高，感觉不到危机。随着竞争加剧，压力显现。此时将师傅定级，出差一天按级别：2K、1.5k、1K、0.5k、0.3K不等价格，由业务人员支付。这时，一下就看出业务人员开始算账，所选择的师傅未必是最好的，却是合适对等的师傅。最后，12个师傅只剩下7人，另外5人无人请。因为师傅不仅做技术，还要求会销售，这样才会得到销售人员的认同。所以师傅的定级最后是由使用价格和市场的评价完成的。

没有价格，就没有经营成本费用意识，不花自己的钱，谁都不会痛心。

价格是撬动市场有力的神器，只有市场化，才能透明、公正、公平地经营。难怪经营之圣们松下幸之助、稻盛和夫、王永庆都有同样的认识，“定价即是经营”。

2. 定价的本质

> 市场定价是一门艺术，是一种投机游戏，是营销战略家们的游戏，其重要性在于各种营销手段最终都会聚焦于定价决策。
>
> ——科里·哈沃德教授

稻盛和夫说：“定价即是经营。”定价方式反映了经营者的意志和理念，也是企业战略的体现；一把手要把定价作为一项重要的工作来抓。

企业的经营是提供商品和服务，所有的经营结果要靠商品销售来完成。目前的中小企业甚至是大企业的定价策略，很大程度都是凭直觉凭主观预测。定价过程往往充斥着组织内部各部门的权力斗争——财务部门只考虑利润，市场部只考虑销售额，生产部只考虑生产能力等等。这显然会影响到企业利润的获得，甚至引导企业的发展方向不一致。一开始的低价可能会导致公司更关注成本的节约，而高价格就需要公司更注重品质，以及花精力维护好高品质的品牌形象。定价在商品销售中占据重要的地位。

如何定价一直是经营者关注的重要问题，而对于各独立核算组织内部，定价同样重要。

内部交易是虚拟的市场，为了锻炼经营能力，传递市场压力，所以定价的本质即是通过虚拟市场实现如下目的：

①锻炼员工的经营能力；

②强化全员的经营压力；

③传递外部市场压力；

④可比较的衡量标准。

从根本上说，内部定价是让组织找到核算的标准，并且具有衡量进步与改善的依据。

内部定价的原则基于简单化与市场性，即由企业各功能中心之间由于相互提供产品、半成品或劳务而引起的一种计价结算标准。由熟悉该项业务的高层参照自由购买的市场价格和历史定价，也可以采用标准成本基础上的内部协商、售价还原倒推、比例定价、绝对佣金等方法，定价需要买卖双方协商与认可。

例如，在生产制造型企业里，如果按照各道工序建立多个经营单元，形成了多个半成品的购销关系，因为有了经营意识，即对利润的关注，各自主经营体都希望尽可能地提高自身产量和服务价格，并提高人员效率，最终体现在可以量化的经营结果，并就经营情况进行改善。

内部交易定价没有最好的方法，能接近市场化就是最好的。定价是改善的依据，掌握这个本质才能回到做小组织经营的目的。

经营会计中的独立核算单位有对外销售，有对内部销售，但无论怎样都宜力求简单直接。虚拟的内部交易核算利润不能直接跟员工的收入挂钩，它只是衡量员工进步与改善的依据。通过在各核算单元进行内部市场化，就是让想干能干的人才冒出来。

3. 常见定价方法

企业通常有两种业务模式，即订单式生产和库存式生产。

按订单式生产，这种方式认为，利润主要来自于销售，是一单一议，可以谈价格；而库存式生产如矿泉水，统一标准价格，这种模式认为，利润主要来自于生产。内部交易的定价就是为了更好地促进生产经营改善，使得利润最大化。

内部交易价格绝对不是拍脑袋出来的，而是通过历史，工艺数据分析，参考外部市场，才能制定出相对科学的价格。定价时要能够准确评价各独立核算组织的支出及附加劳动。其依据是：

①倒推成本还原法；

②参照市场价格；

③标准成本基础上内部协商；

④最终的交易价格要为买卖双方接受。

按照倒推成本还原法的方式进行各部门的交易定价，让各部门间形成买卖关系，每个部门都成为独立的利润中心。公司内部购销方式在产品的制成、出货之前，物资是在公司内部的各道工序之间流动的。各自主经营体在这些工序之间，也像外部市场一样进行公司内部交易。

某全国连锁的职业教育机构，对于总部提供的技术服务费用不以每人月花费为结算单位，而以总部统一收取3000元的市场公允价值计算。还有其他如库存式生产方式、订单式生产方式，具体采用哪种方式没有完全统一的标准方式。

（1）订单式生产比率定价法

按订单生产（make-to-order）指的是企业根据客户订单的需求来进行生产安排，其宗旨在于降低库存，有订单才安排生产，无订单则调整生产，因为往往订单是个性化的，所以不能安排库存，否则就是浪费。

简单讲，订单式生产不是按照成本来决定售价的，而是销售参与客户需求解决方案，进行招投标，通过市场竞争而取得的报价。然后在此基本上为了获取充分的利润，其他各配合的系统全面降低成本。

如今的经营，要求企业能够快速应对市场的变化，就必须让制造部门具有市场意识，强化提高其经营能力。因为售价的变化直接影响到核算，所以制造部门不仅会努力削减成本，而且还会主动与销售一起探讨如何与客户商谈价格。要求销售部门以客户能接受的最高的价格来报价，以避免销售部门低价接单。所以订单式生产业务模式，通常采取比率定价法，即销售与生产系统采取比率分配。

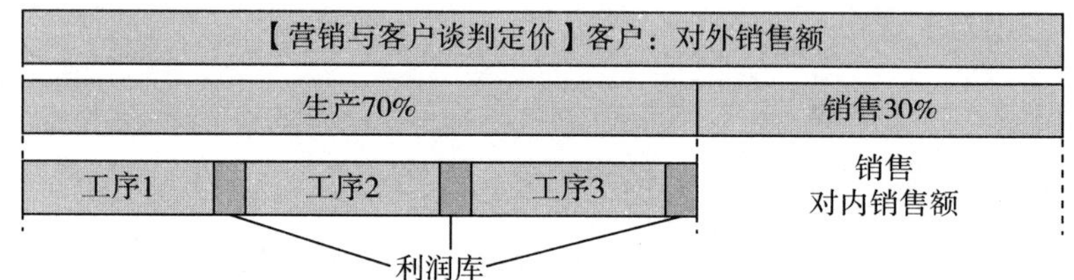

基于工业时代标准化生产，大批量同质化的产品按需求的条件而编制。现在是个性化、小批量、多品种的柔性供应，有时一批小单做完了，可能标准预算还没做出来。

也就是说订单式生产由成本＋利润＝售价，转变成售价－成本＝利润。价格由市场来定，要获得利润，只有让销售部门以顾客能接受的最高价格报价，产生销售的利润；其次生产部门贡献利润，也只有相对生产成本下降，通过比率定价法，迫使两大系统部门目标一致。

某代工厂接受华为订单，每年的售价要求降低5%，在此基础上，全体员工若想保留应得的利润，只有想办法降低成本。

（2）库存式生产佣金定价法

库存生产模式下，厂家研发标准化的产品和服务，最终产品是从成品库中直接发运的，其优点是缩短了交期，客户不需要等待即可获得产品。生产的需求来自分销商和客户，生产商并不知道客户是谁。

在按库存生产策略的类型中，客户基本上对最终产品规格的确定没有什么建议或要求，他们的投入很少，生产商生产的产品并不是为特定客户定制的，所以按库存生产的产品一般属于标准化大众消费品。

在这种业务模式下，销售部门预测产品的销路，并负责保持库存进行销售。为了能够及时地为市场提供产品，制造部门不是按照客户的订单而是根据销售部门的内部订货量来进行生产，这与前边讲的“订单生产方式”相对应，我们把拥有库存、销售成品的形态称为“库存销售方式”。

库存式生产是通过销售部门向制造部门预估订货，价格主要依据生产成本，同时参考同业市场竞争来确定。这种对外销售的市场价格通常由厂家自行确定，而且相对稳定。库存式生产认为创造利润的关键在生产系统，此时销售部门相当于生产系统的代理商，按最终对外销售额的一个固定比例或固定值分配给营销作为佣金，这种定价方法称之为佣金定价法。

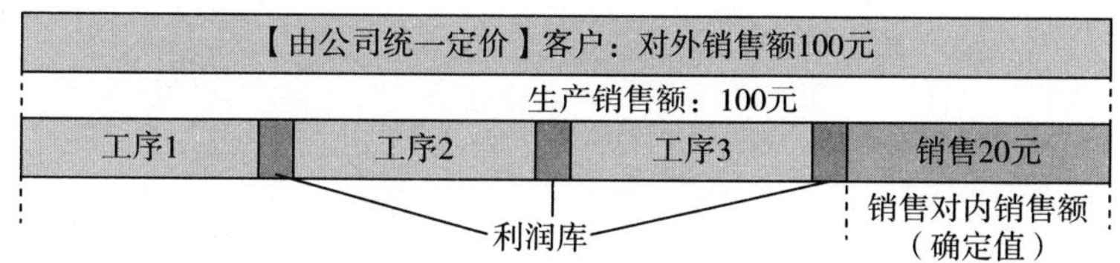

根据库存式销售方式，如果市场价格一旦出现下跌，那么销售与制造部门之间的制造交易价会相应下调，这时大量存货于制造部门，就要想办法降低成本，而销售部门想办法降低营销费用的比率，将销售费用用得更有效率。

（3）毛利率分类定价法

从实际来看，假设一个公司有4000个产品，库存式生产的工序有四个环节，请问采用同步比率定价法还是绝对佣金定价法？理论体系告诉我们，库存式生产用什么？用绝对佣金。如果实际上你自己用绝对佣金，你会把自己玩死。为什么？4000个产品，四个工序，16000个定价，定16000个价格，然后你再去用手工做账，你不是把自己玩死了吗？而按产品系列先分毛利率多少以上，A类B类C类。A类B类C类分别定一个绝对值佣金给到销售部门，虽然不能够完全反映市场的压力，但是大致上能够看清楚问题。 这是符合简单的定价原则的，不把简单问题复杂化。

（4）非同步买断市场定价法

我们服务过一家时尚服饰A公司，由于今天卖的衣服往往都是半年前生产的，当下销售额与当下生产的成本费用完全不同步，而且生产出来的衣服明年卖什么价甚至无法提前决定，决定权在销售部门。所以此时的处理方式是生产系统作为销售部门外协工厂来看待，由销售部门委托给出加工固定价格，此价格依据市场实际情况，并由双方认同即可，本质是市场定价法之一。

一定要做内部交易吗

从根本上来说，经营的目的是要为客户创造价值，达成企业使命和愿景；经营的目标是短期获得利润，长期促进企业的成长发展。而内部交易只是一种经营的手法，通过这种手法以便经营者更好地进行经营而已。是不是所有的企业都适合或必须做内部交易呢？答案非常明显，不一定每个企业都要做内部交易。

经济学常识是市场化产生交易成本，当交易成本大于自身经营成本时，往往市场就在企业内部；当交易成本小于自身经营成本时，市场就产生于外部。但经营实践并非如此，市场化并不只是考虑交易成本。从经营上来看，满足如下条件之一的企业适合导入内部交易。

①倡导利他经营理念；

②有公平透明的经营意愿；

③产品、业务模式、客户复杂；

④经营的交付价值链长；

⑤规模在120人以上；

⑥组织分散在多区域。

内部交易的目的是引入内部市场机制，锻炼和培养经营人才，把各环节看清楚，以利进行评价改善。但内部交易始终是一个手段而不是目的，小企业只需要一张经营会计报表就足矣。

企业规模小，老板一人能看透经营状态，如果导入内部交易反而简单问题复杂化。当企业处于下列状态时是不需要导入内部交易的。

①不希望透明经营；

②产品少、业务模式单一、客户属性单一；

③各小组织之间不关联价值链，经营各自独立；

④规模少于120人；

⑤组织相对集中。

⑥一把手经营者很容易看清楚经营状况。

值得注意的是，不做内部交易不等于不做独立核算，因为对于价值链无关联性的业务单元仍然可以利润独立核算。

6

内部交易的雷区

不同的企业、业种、业务模式可有不同的核算方式，你可以直接拿每个部门进行独立核算，但是核算的过程、核算的结果以及意义在哪里？这是我们推行【理念＋算盘】的小组织自主经营时必须研究的一系列重要课题。

这一切都要根据企业的实际需求来定！

为了做核算，为了内部交易而交易，忘记了目的，便是舍本逐末。

在做内部交易要注意哪些问题呢？

（1）数据造假

当推动小组织独立核算时，由于IT系统的不能支撑数据精细化和组织体制的不健全，同时又把独立核算的结果和员工的奖金报酬直接挂钩，这是违背了小组织自主经营的基本理念，同时也违背了内部交易的本质。如此一来，员工为了追求自身利益最大化，可能铤而走险，数据造假。要避免这样的问题，首先是中高层必须清楚理解小组织经营的本质；其次不能急功近利、急于求成，制定机制引导员工注重成长，而不是追求短期物质利益；再则就是要把保障数据的完整性、及时性、真实性的有效机制建设好，而且要有执行的底线原则。

（2）定价的争执

在进行内部交易时，由于没有理解其本质是为了培养人才，锻炼经营意识，甚至将小组织利润与报酬挂钩。此时各自主经营体为了获得自己利润的最大化，都希望把自己的卖价定高。这是人之常情，但其实定价是为了有衡量改善和进步的依据，所以粗暴理解定价就会陷入不合理的定价之中，事实上谁都不能定一个最优价。

推行自主经营的初期，一般为了各自的利益，涉及内部交易定价都会争吵，它不但不是坏事，而且另一面来说还是好事，因为各个小组织都关心自己的利润，实际也就是关心整体利润了，比不吵架相安无事好得多。

虽然企业组织形态有多种多样，但大致而言主要有金字塔组织、梯形组织、流程型组织、网络型组织，当然每种组织形态还有其过渡状态。伴随着这几种组织形式的进化，企业经营的内部交易价值规则逐步趋同外部市场交易价值规则，其定价亦然。

（3）组织划分并非越细越好

很多经营者总想把交易的组织层级做到更低、组织划分到越细越好。其实这是一个误区，我们一定要看看有没有必要。因为内部交易越细、组织层级越低，意味着交易结构越复杂，则其交易的成本就越高，此时数据量就越大，企业的信息系统能支撑吗？人员意识能支撑吗？人员能力能支撑吗？还有您的组织管理体制能跟得上吗？所以内部交易的层级适合就好。

（4）辅助部门不要做交易

我们辅导过一个时尚服饰企业，在咨询辅导之前，他们自己推进阿米巴经营模式，将辅助部门人力资源、行政总务部、财务会计部门都和直线部门进行交易。人力资源按招聘员工的等级分别定价，由被服务的部门定价给与销售额。行政部门司机按照里程给与计价，由被服务部门给与销售额；财务按照填写的票数计价，由被服务部门给与销售额；最要命的是他们的利润与这些部门的奖金直接关联。这样的处理方式会让服务部门偏离其本应该承担的使命、功能和职责，所以各部为了追求自身利益，最后损害了企业的整体利益。

所以小企业的后台部门跟前线部门一般不需要内部交易，大企业的后台部门将其当成一种服务公司的形式而存在，这时是可以做内部交易的。

（5）更不可所有部门之间都做交易

内部交易主要目的是为了识别主要矛盾，解决相应问题，所以并不能一概而论。一些公司为了控制费用，将行政及财务部门进行内部交易，行政部门按每招一位新员工作为收入，财务部为了创收将持有的资金进行私人借贷，结果越搞越糟。

如果某公司采购部只有两个人，采购的价格已经低于市场价，而且其都是大宗物资，根本没有谈判权，那就不需要将采购部纳入内部交易，只做费用核算。

但如果是大型公司，采购部门有多种产品多处工序，而且要考虑整个供应链战略贯彻，而非只是采购价格，这时为了看清问题就要通过内部交易，进行独立核算，并由原来的成本意识向经营意识转变，看看究竟有哪些细节、人员效率还可以再优化。

（6）只算小账

过去的100年，大多管理理论都是在谈“分”的部分。泰勒的科学管理原理是讲分工，当分工出现的时候，就有了非常高的劳动效率；马克思主义理论谈组织效率，主要谈的是分权；而到了人力资源理论的时候，是如何让人有效率，其实是分利。所有的这些理论，有些企业用得好，有些企业用得不好，其根本原因是因为“分”的背后其实讲的是“合”，这个“合”才是取得绩效的真正原因。

经营好企业，“合”是精髓。今天来看，很多优秀的企业之所以可以走到世界的前端，是因为它们在注重“分”的同时，能够把“合”做到极致。正如华为总裁任正非所言，“岗位职责一定要分明，但部门职责需要模糊”。说的就是此意。

内部交易的独立核算，首先是在公司整体战略统一下进行清晰的小组织业务定位、产品定位、客户定位。也就是要“先算大账，再算小账”。比如超市用于引流的特价鸡蛋（每人限购2斤），卖得越多客户停留的时间越长，增加消费的机会也就越大，虽然卖鸡蛋部门并不赚钱，但其承担的责任有清晰的定位。所以对该组织独立核算算小账的方式就需要在利他思想下符合公司的整体战略。此时鸡蛋业务部门亏得越多反而还要给奖励。如果卖鸡蛋部门违背其引流功能定位，则赚得越多，对整个超市来讲利润反而不是最大的。

基于企业战略的整体方向，每个部门在算小账之前必须以大账为基础，以战略和经营理念为前提。即“算大账，再算小账”就是整体利益最大化，有时要牺牲局部成全整体。

A企业成立于2008年，经过十年的发展，已经占有抛光砖瓷片行业15%以上的市场份额。其市场策略为：大客户不赚钱（例如某国家级大型游泳馆装修），是做标杆树品牌的；中小客户为企业主要利润的贡献来源，靠它来赚钱；小客户端是薄利多销，用来引流等等。所以其大中小客户三个不同业务单元，均是基于公司的整体经营策略来相互配合，在此方向指导下，企业利润才可实现最大化。

但在推进内部交易进行独立核算后，很多小组织就只算小账，这种自私自利的经营反而会使企业蒙受更多的损失。这样的经营，就把“自主经营”做成了“承包经营”，而这两者天生就是孪生兄弟，区别只有一念之差。

思考：“自主经营”与“承包经营”有何异同呢？

总　结

❶经营会计是支撑独立核算经营的利器，即使不做内部交易也必须使用，它是企业经营不可或缺的工具体系。

❷内部交易本质是为了分环节核算，通过内部市场化培养经营人才，传递压力，发现问题，解决问题。

❸不能为了做内部交易而做，回到内部市场化的目的和定价的本质，小企业一张经营会计利润表就可以看清企业的经营状况。

❹内部交易定价只是一种手段，其本质是要有衡量改善及进步的标准，让员工上升到经营高度去思考。

❺企业的经营表面上是“分”——分权、分责、分钱，但实际更强调“合”——合目的、合目标、合应对和满足客户需求。分只是手段，合是目的。

❻自主经营与承包经营只是一念之差，自主经营是赋权赋能的经营，承包经营则是放权、放任的经营，其发心完全不同。

❼财务的成本管理是控制的思想，大多朝内看，成本下降不等于企业有利润，它追求的是经营的最下线；而经营核算是开放的思想，朝外看，追求利润最大化，它无止境地追求经营的上限。

❽企业经营的过程就是“不断地使内部交易的价值趋同于外部市场交易的价值”这一原则，从而产生变革的原动力，也是回归到内部价值贡献的公平评价的永远追求。

第六章

还原现场业务的数字

以经营会计体系为基础的第一手数字，都是现场真实经营活动过程的投影。如同旧时代的掌柜，经营者看经营会计报表时，身临其境，像放电影一样，时刻都能还原经营业务的现场。

——田和喜

1

主要经营业务介绍

如果把企业这个“宝藏”打开，我们可以把企业创造价值的过程分解为一系列互不相同，但又相互关联的经济活动，其总和即构成企业的“价值链”。任何一个企业都是其产品在设计研发、采购、生产、销售、交付和售后服务方面所进行的各项活动的聚合体。每一项经营管理活动就是这一价值链条上的一个环节。企业的价值链及其进行单个活动的方式，反映了该企业的策略以及实施策略的方式和主要经营活动状况。

一个国家的经济发展，必须要有一批优秀的企业！面对客户缩减、原材料涨价、人力成本飙升等等企业普遍面临的严峻问题，如何能化危为机，脱颖而出，经营者都在急于寻找转型的风口。

小企业想要清晰找到未来的方向，已经发展到一定阶段的中型企业，越来越看不清下一个目标，体制僵化、文化僵化的大型企业，如何将企业的理念、策略和体制进行融合，改革机制从而激发全员保持创业状态?

每家企业的业务模式不一样，不同企业的业务存在不同的特点，业务的特点又导致各企业业务流程和经营手段的不同。本章以企业价值链为原型，即研发、采购、生产、销售等主要环节作为代表，列举不同行业的经济业务及实践中各环节业务的处理方式，以启发大家落地经营会计体系的思路。同时也与大家体悟财务会计和经营会计在账务处理上的不同方法。

还原销售业务的账务

现代企业会计核算是以权责发生制核算为基础，其与现金收支无关，而是以权利责任的转移来作为记账的依据，所以才会发生会计账上有利润，现金却没有或者现金不足的情况。由此可见，与收付实现制相似或者能够体现企业实际经营状态的核算标准有多么重要。

每个企业都最需要销售业务，因为没有销售企业就无法存活下去。公认会计准则认为：当销售货物或提供服务时，盈利过程实质上已经完成，因此确认收入；而当企业要确认财产价值增值时，尚未实现，则不能确认收入。

1. 销售业务的概念与特征

传统只有销售部门对外销售可以体现销售额，现在通过经营会计，因采用了内部市场交易，导入后各个环节均可以销售额核算。销售额又分为对外销售额和对内销售额。对外销售额即企业由外部获取经济利益，可靠性取决于该笔款项预期收回的可能性。对内销售额则以对企业内部销售商品或提供服务的约定或实际价值计算，理论上不存在应收账款。

经营会计是以经营分析为目的的，其分析的目的为各自主经营体日常产生的各项销售额，不包含非主营业务的经营性的收益。比如某上市公司财年是亏损的，但年末卖出了两套北京学区房产生收入2000万，或者收到国家返回的大额税收补贴，其并未带来经营能力的提升，反而容易误导各独立核算单位。

2. 销售业务的判断标准

（1）对外销售额判断标准

对外销售额的收款方式有多种，如常见的银行存款、应收账款。对外销售额如果确认银行收妥即可确认该笔销售收入。应收账款按预期实际应收到金额确认，对外销售额判定条件与会计相差较小。

但是为了反映真实的业务状况，应收账款虽然没有变现，但从经营的角度要判断其收回的可能性进行入账。如果确认应收账款到期无法回收或部分回收，则对该自主经营体的销售额进行冲减，收回时再重新冲抵。无应收账款型企业即时确认销售收入，有应收账款按预计收回情况操作。

该项销售额计账的判断标准为：

①数量金额可以计量；

② 相关经济利益流入企业可能性；

③完工进度可靠计量；

④与经营能力的相关性。

（2）对内销售额的判断标准

对内销售额是各独立核算单位的虚拟交易，不涉及应收账款问题，通常按产品完工被下道工序领用、提供服务交付完成或按完工逐步确认。主要有两种判断标准。

①离岸交付：前序部门把产品和服务完工，直接交付给内部客户库存即视为销售确认。

②到岸交付：前序部门把产品和服务完工直接交付库存，下道工序客户产生领用后才视为销售确认。

3. 销售业务账务处理

A公司为A股食品奶油行业的首家上市公司，目前遇到的问题为业务员积极性下降，老业务员靠几家大客户就可以高枕无忧。为了改变老业务员躺着就可以赚钱的工作方式，其经营目标的设定是，将老客户销售额目标值减少20%并降低提成系数；新客户销售额目标值增加20%并提高提成系数，配以相应的激励制度，就可激活员工。为了达到此经营目的，经营会计报表将销售额记账科目调整为如下：

销售额——老客户销售额

——新客户销售额

——新产品销售额

——滞销品销售额

如果该销售额还有折价，则还要增加“销售额—折价销售”如果还有其他的销售形式，也必须在科目设计中反映出来。如何用经营会计看透销售业务问题，账务处理体现的是灵活性，而这种灵活性的本质其实就是真实业务活动的投射。

还原固定资产业务的账务

1. 固定资产的概念与特征

固定资产是企业为生产商品、提供劳务、出租或经营管理持有且使用寿命超过一个会计年度拥有的各项有形资产。小组织自主经营体不具有固定资产的处置权。自主经营体采购的固定资产不记入该自主经营体，而将每期固定资产使用产生的费用和固定资产折旧记入到费用中。即本节所讲固定资产均为总部所有。

2. 固定资产的判断标准

财务会计下将所有固定资产记入到公司所拥有的资产，经营会计与其相同，所有固定资产均为公司所有。依据谁使用谁受益的原则，将实际折旧费用计入到受益自主经营体。

①依据固定资产使用和保管的主体来判定。

如总公司采购十台空调，该项固定资产采购成本记入公司固定资产，预计实际使用8年，按8年期计提折旧，再将该项费用按一定标准分摊记入到总部。

②固定资产的判断应以实际使用目的来判定究竟是资产还是费用。

某化妆品公司去外地参加宣传展会，在当地购买宣传架等一共花费2万元，财务会计是应该记入固定资产的，但是拿回来太费事而且运费很高，也不知何时会再用，所以将该种资产直接记入该独立核算经营体的一次性费用。

3. 固定资产的折旧

固定资产折旧是指在固定资产（实际）使用寿命内，按照确定的标准及方法对应折旧额进行系统的分摊。依据谁使用、谁受益、谁承担的原则，按实际预期使用或提供服务年限计提折旧。

独立使用的，折旧费用记入该自主经营体，共同使用的将各项折旧费按企业自己的《经营会计准则》标准分摊至各自主经营体。

如A公司总部各项资产（含办公大楼、使用设备，还包括提供服务的设备等）都是一种资源的占用。首先划分清楚，每个设备是谁使用，就把折旧费划给谁。公共使用的则按商定的标准来分摊折旧费。如办公楼折旧费，按各部门使用面积分摊，公共面积则按标准分摊到各部门。

只有按相应标准核算清楚至各独立核算单位，才能真正有人对该费用产生的绩效负责 。

如生产系统，自主经营体各项设备按该项设备实际使用量计算折旧。

某工序生产AB两款半成品，当月该设备折旧额为100万元（经营会计已经按实际使用年限进行了调整），A生产了商品600件，B生产了商品400件，两道工序所耗工时相同，于是该月A工序分摊折旧额60万元，B工序分摊折旧额40万元。

4. 固定资产的折旧方法

经营会计常用的固定资产折旧方法和会计核算与财务会计相似，但又有本质上的不同。财务会计是按照国家税法要求为核算基准，经营会计最主要的目的是体现经营实际情况，企业根据自己业务特点和实际经营状态，按照未来可预期的实际使用年限来核算折旧费，同样的设备，每个企业折旧年限可能不一样。

如生产部门增加了一台设备价格100万，财务会计按预期使用10年折旧。由于该行业技术升级很快，该设备3年就淘汰了，无法体现真实经营情况，如果企业按财务会计计提折旧，会造成企业未来的支出虚增了现在的利润，换句话说，就是假利润。

经营会计强调数据应为经营提供真实依据起到指导作用，算出真利润，请问用什么方法折旧？

> **思考：**财务会计折旧 100万元除以10年
>
> 经营会计折旧100万元除以3年

另有某企业按第一年折旧50万，第二年折旧30万，第三年折旧20万元。

财务会计的累计工作量法、双倍余额递减法或年数总和法均可作为计算实际折旧方法，请依据自己企业的实际情况输出。

5. 固定资产采购决策

为了完成生产任务，某些管理层申请采购设备。但是对于老板来讲，采购设备就是花钱。老板请财务来分析，采用未来现金流量预估，依据过去或未来预测的数据，也可能凭感性认为有用能赚钱就批了。那么，如何决定是否要采购该项固定资产呢？

当企业要采购一项固定资产，A公司徐总就曾经指出，应按照设备使用年限作为设备折旧的摊销。将传统的买设备由生产和技改部门提供数据，做好预算和成本进行比较控制，而改为由经营的目标来驱动。

为了满足KPI考核的标准，职业经理人去采购新的设备，生产完成率等当年的KPI比较好看，因为平均折旧法并没有真实反映折旧的费用。买新设备可以提高效率，但长期来看未必有效益。买新车降油耗也是如此，因为对油耗进行了KPI考核，当年好看却影响了后面，长期来看是非常不合算的。

举例：该项设备采购100万元，公司经过可行性报告调研后同意，即将该笔资金的使用利息按年10%计算，并且要求5年回本，并将折旧金额按实际使用费率记入部门费用——固定资产折旧下。

生产3车间预估全年经营会计报表　　单位：万元

一级科目	二级科目	金额	占比
销售额	A产品	23	
	…		
变动费	A原料	5	
	水电费	2	
	…		
边界利润		16	
固定费	基本工资	6	
	年设备折旧费	20	
	资金使用费	10	
	…		
经营利润		-20	

即该项设备年实际使用成本为：

年设备折旧费：100/5＝20万元

年资金使用费：100×10%＝10万元

由于生产部门由完成生产任务而改为了按贡献利润核算，申请采购就要考虑会不会带来企业短期及长期利益的增加。

职业经理人三天后找老板喝酒，说："老板，设备要加，但是新设备太贵了，我有个朋友刚好有个厂子不做了，设备拿来就能用，是市价的三折还包邮，带来的利润能增加4%，我都算好了。这份报表请您看下，减掉各项费用我部门能比去年盈利上涨3成。"

一定要用利润这条绳子牢牢拴住管理的牛鼻子！也只有从利润的角度来看问题，才能真正做出正确的决策。

还原采购业务的账务

采购是企业在一定的条件下，从供应市场获取产品或服务作为企业资源，以保证企业生产及经营正常开展而进行的一项企业经营活动。采购既然是保证企业生产及经营的一项重要的活动，那么，如何改变经营模式，让它成为创造利润的来源呢？采购体系每节约1%就相当于营销系统增加纯利润5%，即1∶5的关系。相对于西方国家的采购管理来讲，中国采购管理的难度、多样性和复杂性要复杂得多。在学习西方国家采购管理知识和方法的前提下，更需要用我们的智慧创造性地寻找和探索适合中国不同性质企业和本行业、本企业具体的采购管理方法和工具。

1. 采购业务的概念与特征

传统企业中仅有采购部门对外部进行采购，而在经营会计下各核算单位都具有了采购属性业务，由此就分为内部采购和外部采购。

内部采购：各部门在上下道工序或商品、服务流转的上下游之间进行的产品或服务采购。

外部采购：采购部门对企业外部的供应商进行相应产品或服务的采购。

按照采购目的，外部采购业务形态一般有两种。

生产型采购：为了确保生产的稳定性，在保有一定安全库存的基础上，销售部门根据客户订单量来提交生产需求表，提交给采购部门采购计划表，以响应内部生产需求，即采即用，这种采购创造利润的方式是来自于原材料加工的附加价值，基本没存货。

投资性采购：该种方式属于采购部门特有的，按照市场的趋势判定进行的投资行为。该种方式承担资金使用的利息，但是投资采购会增值，采购部获得利润的方式主要来自于投资增值。

当然，对于如生产设备这类固定资产的专项投资采购，不属于投资增值的采购类别。投资性采购常见于大宗期货类别采购。

2. 还原采购成本

很多企业有大量存货，但是压到最后都是老板的钱。而真正经营优秀的企业，更主张采购即用。这里有人可能会有疑问，没有存货我卖什么？当采购循环进来时，企业的成本从这个环节已经开始了，究竟要采购多少，是老板一个人关注还是大家都来关注？以前为了采购而采购，现在则是为了利润而采购。内部市场化导致组织由行政指令变成了契约交易，形成良性循环。有了问题能够找到相关的责任人员。你做得不好可以不要或降价。

财务会计算账没有内部交易的概念，无法根据采购部提供服务的好坏判断销售额的多少，所以将采购部门定为了成本中心。内部交易导入以后，将采购与生产销售业务联动起来，就像一粒石子投入水中泛起波澜。采购通常由采购部购买入库，包括该物资从采购到入库前所发生的全部合理、必要支出。如，通常人们所认知的采购成本是某物10元/件，但是为了采购该项商品发生的一系列相关费用，如采购人员工资，运输费用等等，加总起来可能比这个费用更高。为采购发生的全部费用，应记入到该项采购成本中。采购业务为不含税金额。

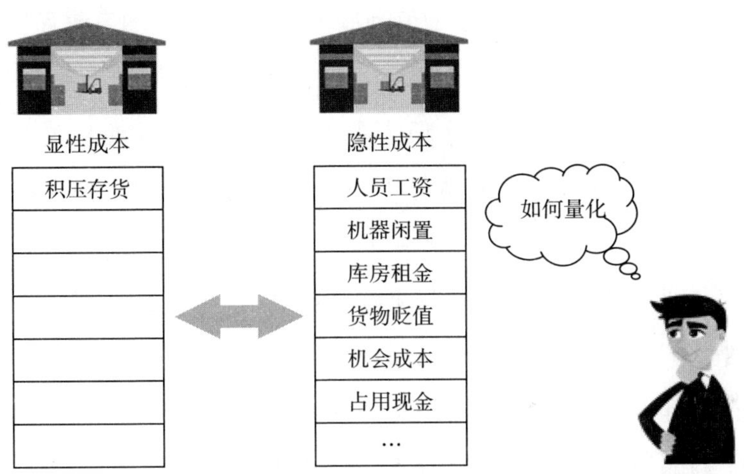

如何计算呢？以前没有利润意识，而经营会计有一条理念是：采购即是费用。采购进来的物料要即时领用生产，避免浪费与损耗，如果有浪费均会影响小组织的利润。

工业制造企业按内部各生产工序划分，这时要将各工序实际领用的物资计入各经营体。对于商业企业来讲，采购的商品不需加工直接就可以对外销售，所以按进销差价直接做账就可以。

对于内部采购来说，如果采购不符合规定，则可以按折价或退回不要，这时就能分清权利和责任了。其次，所有各环节采购的库存也要分清，原材料库存由采购部负责，半成品库存由各生产环节负责，在途半成品库存由各工序负责，成品库存由销售系统负责。

3. 采购定价标准

企业划分为若干个小组织，由行政组织变成了市场经济，生产和采购的原价加上虚拟交易的内部利润，构成了生产成本。

举例：ABC环节定价。

采购50元，通过ABC工序生产，销售以100元卖出。

第一种：比例定价法。假设增值利润为100%，即各增值流程均按增值服务计征。

采购的50元仅是采购成本，但为了采购而发生的其他相关费用，如采购人员的工资、差旅费，仓储费等等，都应作为支出而记到采购部门的费用中。

假设某工业企业采购部全月仅采购一次商品50万元，人员工资费用3万元，差旅费1万元（注意这些都是记入到期间费用中的，所以才看不出来问题），分摊总部费用1万元。这时采购部按5%加价，以57.25万元卖给生产部A工序。该采购部当月经营情况：收入57.25－费用55＝利润2.25万元。

采购1部经营会计报表 单位：万元

一级科目	二级科目	金额	占比
销售额	A材料	57.25	
	…		
变动费	A材料	50	
	差旅费	1	
	…		
边界利润		6.25	
固定费	人员工资	3	
	分摊总部费	1	
	…		
经营利润		2.25	

生产工序A以57.25万元购入并计入费用，加上当月人员工资和其他材料成本2.25万元，再加取利润5%，以63万元的价格卖给生产工序B，以此类推。

第二种：市场定价法。假如没有采购部，企业进行小批量采购或临时性采购，采购单价相对较高，以相对单价作为市场价格，此时定价可直接参考外部采购该产品的价格。

4. 采购部门的核算

假设某公司为商贸企业，当月采购商品10种，共花费10万元，人员工资及分摊费用总额1万元，该项商品以12万元卖给仓储部门。该采购部门的当月收入为12－11（费用）＝1万元利润。仓储部门以12万元购进该项商品，当月各项费用加总为0.5万元，按以13万元销售给销售部门，仓储部门当月的经营情况收入为13－12.5（费用）＝0.5万元。销售部门再对外销售，以此类推。

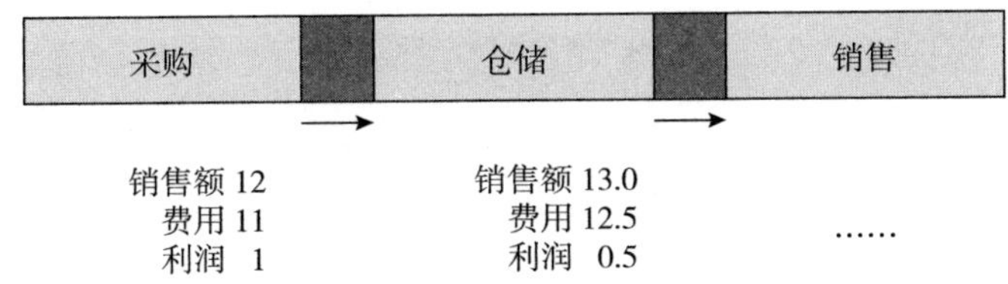

5. 内部市场的采购价值

企业为了控制采购成本，通常会采用三方报价的形式来确定供货方，老板往往又会力不从心，如何以市场价值来判断，真正降低采购费用？LYH饲料的做法是将采购业务划分为三个Cell–SBU（战略商业单元小组织），对于需要进行的采购，由采购部门各自提交方案竞标，最优方案者得胜，各小组织按采购金额比例确认其销售额。此种内部竞标的手段，使采购业务为整个企业提升了利润3%的贡献值。市场化的机制下，真正有能力的人，做出的贡献不用人力资源评价，自动显现。

采购1部经营会计报表 单位：万元

一级科目	二级科目	计划金额	金额	差异
销售额	A材料	58	57.25	–0.75
	…			
变动费	A材料	51	50	–1
	差旅费	2	1	1
	…			
边界利润		5	6.25	1.25
固定费	人员工资	3	3	
	分摊总部费	1	1	
	…			
经营利润		1	2.25	1.25

还原生产业务的账务

大多数日本制造业企业都认可：利润＝收入－费用。成本越低，利润就会越高。佳能在开发一款商品时，会按照成本分摊的方式进行。先确定市场售价，再决定开发和生产的成本。名创优品也是如此，要卖一款39元的香水，先得计算生产各个环节的费用是多少。

因为日本的经营者认为，在规模化的制造业里，真正的成本可能只有梅子核一样小，把成本膨胀成一个大橘子等于在吃掉所有的利润。生产是工业企业创造价值的重要环节，只要能节省一分的成本，最后都是利润。

生产环节的成本在这里是广义的说法，在财务报表中销售、管理以及研发等成本又叫做费用，这时的成本就特指产品的生产成本。广义的成本吃掉了企业收入的80%~90%甚至更高，因此，成本会计以及管理会计对成本的分类很多，为了不同的目的又可以有不同的成本分类。而成本又分为显性的或是隐性的，比如不顺畅的沟通成本、对客户需求应对缓慢、等待也是一种成本。

1. 生产业务的概念与特征

生产业务是指企业经营活动中，从研发设计到生产制造、产品和服务交付、售后服务给客户的全过程。

在企业内部，人们常把一些部门称为“利润中心”，另一些部门称为“成本中心”。常识认为，只有直接服务外部客户的部门能够带来利润，才是真正的利润中心。而实际上，企业从一个产品的整体输出，价值链每一个环节都构成对价值的贡献。有时，与其艰难地控制细节成本，不如索性减掉整个成本中心，变为利润中心。经营会计体系核算下将生产部门视为利润中心，将成本的概念转变为费用，即为生产所需的料、工、费全部分离。

2. 生产成本计算

有什么样的目的，就有什么样的成本。做正确的事情是战略成本，把正确的事情正确做出来是执行成本。但成本最小化从来不是企业存在的目的，也不是成本管理的宗旨。均衡的价值是企业追求的永续动力。过程库存会掩盖生产中的许多问题，还会滋长员工的惰性，更糟糕的是要占用大量的资金。在经营会计中，库存被认为是最大的浪费，必须消灭。A公司通过经营会计的导入，将产品的品种和类别高度聚焦，由三千多种下降到一千多种。

比如为了降低材料损耗，进行工艺优化，但结果却增加了人工成本，或者造成销售额下滑，从利润的角度来看是得不偿失的。

生产成本问题在服务业中十分突出，如航空公司、医院、铁路，即使这些公司并没有存货和存货成本的问题。以医院为例，如何计算妇产科每个病人每天的固定成本，医院必须决定选择哪种生产能力作为基准：实际生产能力、正常生产能力或总预算生产能力。医院的决策将影响生产能力管理、定价决策以及业绩的考核。

所以经营会计看的是总成本相对销售额的下降，总利润提升，关注整体。如果通过工艺改良、配方优化带来制造成本下降，但是人工费上升和售后成本增加，东西很好，销售容易，但最后实际总费用增加，结果企业利润可能还会减少。

所以经营会计核算生产成本，指的是全交付过程使用的成本加期间费用的统称。严格来说，经营会计没有成本概念，只有费用概念。

3. 生产成本核算标准

财务会计的领用、生产、销售由计算完工产品成本到确认，与销售商品成本存在着时间不匹配性。经营会计下各环节采用独立核算即为当期领用实际消耗的料、实际对应的人工、实际对应的费用，采用的是ABC成本核算方法，即动作因子成本分析法，对于成本和费用的核算更加精准。

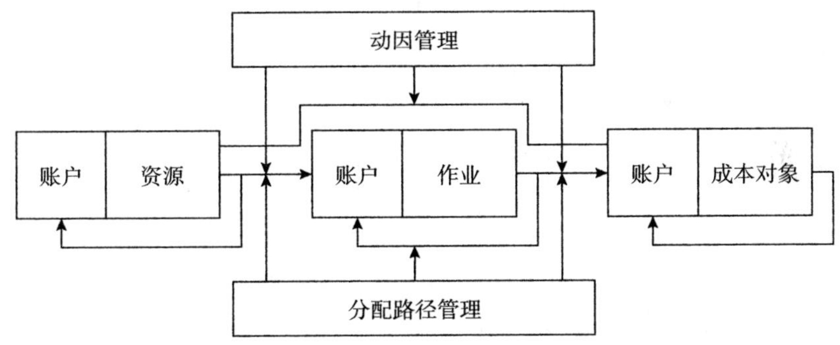

其具体核算方式见《ABC成本分析法》相关图书。

4. 生产费用的账务处理

经营会计通过把各环节划分成了一个个的小组织，而将存货的概念变成各小组的费用，所以经营会计下生产环节并没有财务会计上存货的概念，也无须将制造费用月末转入生产成本，因为每一个环节（小组织）将采购的料、工、费都已经记入到该小组织的费用中。且按照费用不同的使用属性和目的，区分为各自主经营体的固定费或变动费，从而可以看清隐藏起来的问题，减少大量存货浪费及损失。

（1）材料费，通常是指原材料费用

企业产生的大量浪费表现在各环节，比如生产环节中领用后而没使用，也就是说领用的不等于实际使用的。财务会计下无法监控该过程，而经营会计则将各自主经营体实际领用后实际使用、实际耗用的记入并进行核算，记入到生产费用中，数字与作业一一对应。因为直接材料的消耗是与该自主经营体小组织的销售额相关联的，所以，经营会计通常将原材料的实际耗用称之为生产费用，记入各小组织的费用表达为“变动费—生产费用—材料费”。

但是对于非生产环节，如营销部门，因只有内部采购环节，这时就不叫材料费用而叫“变动费—采购成本”。其他环节或是非制造型企业不耗用原材料，其若干个小环节采购的是成品，所以叫销售成本，也可以称之为“变动费—销售成本”。

总之，生产制造耗用的原材料，叫原料费用，归结到“变动费—生产费”中，而其他环节加工完成，则记入“变动费—采购成本—销售成本”中。

（2）生产系统的人工费

这里的人工费，包括生产系统整个管理人员的工资和直接生产作业的员工工资。实际耗用的人工分为两类：①变动费，比如计件提成工资、计件奖金；②固定费，如基本工资、社保费等等。

这项费用不仅是正常员工的，还要有临时雇佣其他部门或外聘人员的工时，以及其他组织来进行内部支援时，该小组织应当支付的工时金额。这一点要符合“一一对应”的原则，与财务会计账务处理有非常大的差异。

（3）能耗及其他生产消耗产生的费用

这是指无法直接记入到材料或人工的其他费用，根据使用的目的来区分记入各小组织的变动费或固定费中，比如水电能耗这一部分，为了生产某项产品创造销售额而产生，跟小组织的销售额成正比，通常计入如“变动费—生产费—水费”“变动费—生产费—电费”“变动费—生产费—燃气费”“变动费—其他变动费”等，这些消耗要尽量能到每一个订单号、工序、机台、产品、责任人，同样要严格遵守“一一对应”原则。

而财务会计中的料、工、费与企业实际经营情况是脱节的。例如：车间管理人员的工资记入制造费用，期末再结转生产成本，然后分配到各产品成本中。它是一个汇总的数据，且生产完成期间与实际销售期间存在着极大的不匹配，跟实际产品成本差异很大。

财务会计将成本的计算简单地归集为：期初在产品＋本期发生的生产费－期末在产品成本＝本期完工产品的生产成本，堪称简单粗暴。企业的利润来自于各个环节，全员一起努力进行价值创造。各环节材料领用的不等于消耗的，财务上的处理是按照领用的计算，还有一些材料是在过程当中没有用完的，而且也有在下期退回仓库的。也正因如此，丰田就追求零库存的经营，减少了过程中的浪费。财务会计对水电能耗，同样也是进行不清晰的分摊，甚至分摊标准极其不合理。

经营会计则是按照实际消耗的“料、工、费”来记录，而且材料的过程库存一定找到责任归属，这样就可以减少库存，减少生产过程中带来的浪费，各环节始终围绕着销售最大化，费用最小化的原则，将费用降到最低。

所以经营会计实际上是要算清楚究竟消耗了多少“材料、人工、费用”。财务会计数据与业务期间不“一一对应”，所以只能是合并计算然后分摊，而不像经营会计对每一个细节进行极精细的追求。

通常财务上的资产减值损失是由盘点时带来的。一旦库存的价格确定便不会轻易改变，无论是采用先进先出法或其他财务核算方法，都是月末看到的是一个平均值。如果市场环境变化造成存货贬值，财务不会体现。我们将财务会计和经营会计生产过程费用账务处理的差异总结如下。

制造费用账务	财务会计	经营会计
库存	账面价值核算	库存贬值，不考虑资产
成本	合计后分摊法	实际发生一一对应费用，无成本概念
料工费	料实际领用、工费分摊	料实际使用，工费对应于订单、产品、工序等
核算频率	月末一次	实时呈现结果
生产费用	制造费用结转成本；间接人工计入管理费用	生产系统直接进入变动费、固定费
相关科目设计	制造成本、管理费用	销售成本、采购成本、材料费用、固定人工费、变动人工费、变动费

6

还原研发业务的账务

企业产生最大的价值经营活动就是营销和创新，几乎没有人会否定研发的价值。但是是否每项研发都有价值呢？以车企为例，研发费过少的，在竞争中长期看肯定没有优势，甚至可能被淘汰。但也并不是研发投入越多越好，还要看研发效率、研发的聚焦度等。

1. 研发的概念与特征

研发业务是指企业为了实现现在及未来满足客户的需求而进行产品及服务的设计、开发所执行的各项经营活动。从经营角度来看，研发职能又可细分成技术及产品研究开发、事业SDU（战略的业务单元）的开发。从价值链环节来看，产品研发分为概念企划、功能企划、结构企划。

企业内部的研发费用是指研究与开发某项目所支付的所有费用，财务会计是按照项目来归集的。

2. 研发业务标准判定

以前的研发部作为成本费用中心，与市场对接的层面较少，开发出来的产品经常未能完全达到市场预期。通过引入市场机制，未来有可能变成新的事业中心，真正做有价值的研发。

如果你的哪项研发技术确实改善了生产工艺，即由购买其服务的部门支付费用。研发与销售部门或是生产部门，就由一锅粥状态改为市场、客户的服务契约关系 。

大型企业研发部门是可以以利润为目标进行独立核算的，极小型企业可能不必做成内部交易核算，但也要做费用核算。概括来讲，如果企业具有了一定的规模，最好能进行利润独立核算。

从经营角度，研发工作要区分为战略性研发、战术性研发、战斗性研发。

战略性的不能作为利润目标的管理，因为它是长期才能回收投资的研发，至少在1年以上，往往为了企业的长期发展而投入，甚至有些项目根本就会失败；它往往反映在基础技术或素材技术研发层面，有可能是全新的底层技术，如从模拟技术到数字技术通讯的升级。

战术性的研发是在1年内必须回收的研发费用，此类费用必须要用年度利润为目标进行管理。这类研发为全新品种、新型号、新品类充实市场而进行；它往往反映在应用技术层面的投入，如将微电子显影技术从商业照相扩展到商业医用领域。

战斗性的研发是在少于一个季度里进行的研发，其研发费用在当期经营期间就要回收。这类研发往往是对已有的产品表面或配方、工艺、包装、型号等进行改良、优化。

3. 研发业务账务处理

研发费用的经营会计账务如何处理呢？

研发按照项目来归集相关费用，对于大企业而言，往往战略性研发在集团层面负责，在集团的研发中心，所有的费用就直接记入战略研发费，属于“固定费—战略开发费”，做单独项目管理。

战术性、战斗性的研发大多是在各事业部内部进行，其组织属于事业部下属的研发部，该研发部所有的费用按照战术性、战斗性项目进行分别归集，无法确认的则进行分摊，当然最好是按照项目精确管理计入各自的费用中。

经营会计将战术性项目费用归集到固定费“开发费”科目中；战斗性的项目费用则归集到“变动费—改良研发费”科目中。

4. 研发部门经营核算

作为独立核算单位，研发部门也可以采用收入－费用＝利润的方法。

作为战略研发单位是不能用利润来管理，按项目制评价的。而作为战术性、战斗性的研发部门可以按照利润进行独立核算管理。但战术、战斗研发部门销售额确认是一个难点，通常有以下几种方式：

① 市场投标确认销售额。按提供服务的项目参照外部市场投标价格，如果研发部门无法赚取满足自己部门利润的，即可能是没有产生价值或者产生的价值不够。

② 项目制销售额比率确定。项目研发团队，其研发的销售额可以与研发的对象实际产生市场销售额，按时间推移给定不同比率法。

虽然是虚拟的内部交易，并不需要由销售部门或生产部门给付现金到研发部门，但是要有相关的验收确认票据，作为内部交易的收入确认说明。

例如：一个销售老大找总经理，说到研发加班干了三个月，改了100多次的APP，结果上线根本没用。研发的工作被视为天天加班不出活，加班的成本由公司埋单，老板不开心，销售老大也很不开心。

通过内部交易的方法，进行各部独立核算后，以前天天加班做不出来好产品的研发变了一个样。

加班费不用老板出了，谁提需求谁给钱。这样，没有精准的需求，销售部自己不会申请乱立项，因为会浪费他们自己的费用。IT研发部门也没加班概念，只想如何提高效率，不用加班也能拿回更高的销售额。并且IT部会主动去发现各业务部门的需求，进而提出有益的开发建议。如此一来，大家都不是埋怨对方，而是主动去帮助对方改善。

从财务会计到经营会计

相形之下，由于经营会计和财务会计其目的目标不一样——经营会计在追求的企业的“生产力、收益性、安定性”的经营力，财务会计追求的是公司的“资产、资金、收益”的安全性。所以经营会计和财务会计长出了两张不同的面孔。

尽管它们有各自的不同特点，但原始数据的来源是一致的。在会计信息的处理上，我们可以实现“同源分流”。同源分流就是共用“原始一手数据库，然后在财务会计未形成会计分录之前就进行分流处理。财务会计和经营会计按照各自的会计准则进行分类汇总，最后按照各自的目的目标生成自己的报表”。

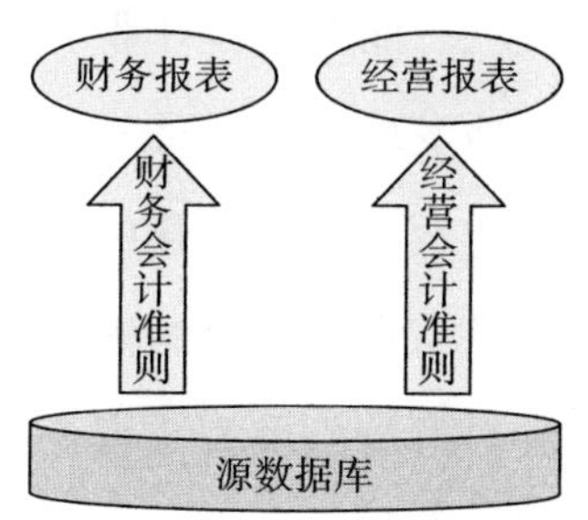

往往在推行经营会计的初期，很难做到“同源分流”出表，那么如何实现经营会计制度呢？

推行初期，由于信息化技术和规则不健全、数据收集还不能达到完整性、及时性、准确性的要求，此时大量的经营会计标准还未能重新设置，因此仍会运用财务会计的一些标准，但是数据会做得更细一些。初级经营会计的水平即是V1.0版的经营会计体系规则，此时目的就是分析问题即可。因此，第一阶段推行经营会计，就应将财务的数据按照经营会计报表的格式要求，对数据结构调整后，生成经营会计。

如：财务会计制造费 → 人工费 → 变动人工费

→ 固定人工费

财务会计制造费 → 原料费 → 变动费→ 主材料费

变动费→ 辅材料费

财务会计营业费 → 差旅费 → 变动费→ 业务差旅费

财务会计管理费 → 差旅费 → 变动费→ 公关差旅费

由上述可以得出，将财务会计的科目进行细分，就可以和经营会计的科目产生映射关系。如此一来便容易进行数字与科目的对应转换，生成经营会计报表就容易了。所有的会计使用的数据都只有一套原始数据，任何一门会计的数据之间，一定可以转化成不同的结构来表达经营者想要的目的，因为报表的结构决定了报表的功能。越是使用第一手原始数据越好，数据加工的次数越多越容易失真，并且越难发现问题。而经营会计要求我们尽量采用原始数据来形成会计报表，方便全员很容易地发现问题，对分析能力的要求就大大降低。

当然，具备信息化条件和过程数字精细化的条件后，V2.0版的经营会计体系就可以搭建。此阶段经营会计有自己独立的核算标准和规则了，可以系统分析问题，各个层级单元都有独自的分析模型，直至最小的细胞利润组织。而第三个阶段V3.0版的经营会计体系亦可反映“ 资产、资金”的问题。

总 结

❶经营会计的本质不是会计学，每一个原始数据都是经营业务现场的投影。

❷经营者看经营会计报表，就如同掌柜“盘算”，通过算账看清楚每个数字的来龙去脉，像放电影一样。所以只有懂业务的财务提供的数据信息才能真正产生价值。

❸经营会计的每一个科目就是经营活动的表达，所以经营会计科目本质是经营活动的项目而非财务会计的科目。

❹所有的会计使用的数据都只有一套原始数据，任何一门会计的数据之间，一定可以转化成不同的结构来表达经营者想要的目的，因为报表的结构决定了报表的功能。

❺使用第一手原始数据是最好的，数据加工的次数越多越容易失真，并且越难发现问题，对分析专业能力要求越高。

第七章

经营会计的特性

犹如医用的诊疗器，CT机和B超各司其职，才能完整地发现各种疾病；经营高手必须会各种会计技法，将各种会计核算及分析方法综合运用，从而全面诊治企业的病症，标本兼治。

——田和喜

1

优势互补

一般认为，财务会计是为组织外部信息使用者服务的，管理会计是为组织内部经营管理者服务的。从会计发展历史来看，西方会计产生于为部落、庄园、皇家、农场主等组织内部，为其经营管理者提供服务，应属于管理会计范畴。

而我国古老的历史上沿袭下来的会计是以“现金收付单式记账法”的中国式流水账管理会计。相比财务会计，管理会计在我国的认知度、影响力和普及率相对较低。正是由于 “国际化”，基于与国际资本市场接轨、国家财税征收等需要，中国政府对西方财务会计的强力推行，管理会计反而被束之高阁。还有很多人认为“管理会计是从财务会计中分离出来的”，事实并非如此。

由于中国式管理会计不被政府重视，西方式的管理会计在中国便有了用武之地。然而，1950年代的日本引入西方管理会计后，由于其东方哲学思想与管理基础与西方差异大、员工素质也不能达到要求，导致水土不服；中国当下与西方人文的差异，使得西方式管理会计在中国也难以发展，再加之本身对管理会计理论体系研究深入的人才本来就不多，结合中华价值观的实务应用更是难以形成体系。

当前，随着数字化革命，用大数据快速驱动企业经营的需要，基于业务需求、联网技术、企业经营理念贯彻的视角，为经营服务的会计诸如共享财务、业务财务、专业财务、战略财务等在中日两国应用成功的案例也屡见不鲜。如日本伊藤洋华堂的“店铺经营会计”、松下“U-Line”小组会计、京瓷阿米巴经营的“单位小时附加值”核算的经营会计、华为铁三角项目制“综合财经会计”、海尔以用户价值为中心的“人单合一”经营会计模式等都是信息化时代成功构建并活用经营会计的典范。

现行财务会计理论认为：对一个企业来说，会计对象就是会计要素及其增减变化，而会计要素的内容涵盖了企业全部能用货币衡量的经济业务。一般地，会计要素可划分为属类目、大项目、科目、子科目 、细科目五个层次。会计科目是对会计要素的具体内容进行分类核算的项目，是进行会计核算和提供会计信息的基础。

现行财务会计核算方法主要包括设置会计科目和账户、复式记账、填制和审核会计凭证、登记账簿、成本核算、财产清查、编制会计报表等7种主要方法。这7种方法相互联系、密切配合，共同构成了一个会计核算方法体系。不可否认，该会计体系在经济实践活动中也发挥了其应有的价值，但现实是越来越多的人对传统会计信息的使用缺乏信心，特别是需要根据企业提供的会计信息进行经营管理决策的时候，人们得凭借更多非传统会计信息来辅助决策。

尺有所短，寸有所长，现行的财务会计核算方法体系存在的不足，恰恰经营会计可以弥补，对此，我们进行简单阐述。

1. 财务科目的呆板性与经营会计科目的灵动性的互动

在现行的会计核算方法体系中，会计科目有着举足轻重的作用，如果不设置合理、全面的会计科目体系，企业就无法准确地填制会计凭证、登记账簿和编制会计报表，更谈不上成本核算、财务管理等其他会计职能的运用与发挥。虽然，科目代码体系的设置如此的重要，但现实中科目代码体系的设置却又表现得非常呆板。比如：库存商品—五金部— 一号仓库—卷材，这个四级会计科目是由一级科目“库存商品”，二级科目“五金部”，三级科目“一号仓库”和四级科目“卷材”按顺序组成的。这样设置，可以非常清晰地看到每个部门、每个仓库、每种存货的会计资料。然而，会计科目一设定就不能轻易更改，从而账簿体系也就不能轻易更改，通过财务会计所反映的各类经济指标也就难以随时调整。若该企业有3个部门3个仓库都存“卷材”，想知道卷材的总存量就必须逐一查找对应每个仓库的存量后再相加。 也就是说必须将库存商品三仓账，三个科目合并账后才能得到需要的结果。

库存商品	五金部	一号仓	卷材	100
库存商品	塑胶部	二号仓	卷材	50
库存商品	塑胶部	三号仓	卷材	80
				230

由此得出，财务会计只有纵向单线串行运算逻辑。

而经营会计的处理，是纵轴“存货—卷材”，横轴是“仓库”，而且随时根据经营需要进行变换横向科目。如此一来，经营会计查找卷材，是实时实现三个仓库总额，此种运算映射逻辑简单得多，属于并行运算逻辑（见下图）。

		五金部	塑胶部		合计
		1号仓	2号仓	3号仓	
库存	卷材	100	80	50	230

因此，基于经营管理速度的要求，经营会计处理速度快得多、灵动性强，这是由于其具有双轴更高维度的科目设计，所以可以保持数据的及时性、完整性、准确性。

2. 财务会计的繁琐与经营会计简单、易操作性相得益彰

现行会计核算方法体系为了保证会计信息处理结果的正确性、可靠性，对会计数据处理程序作了许多严密规定，但与此同时却丢失了便捷、及时和完整性。比如：严格规定记账凭证处理的“三步骤”，即填制、审核、记账。在填制环节，严格规定会计人员必须按照会计准则和借贷记账法的规定，根据原始凭证正确填写；在审核环节，要求审核人与制单人不能为同一人，审核人对所审核凭证的正确性、合法合规性负有连带审核责任；在记账环节，严格规定必须是平行记账法，由不同的会计人员根据相同的记账凭证分别登记总账、分类账、明细账、日记账和其他备查台账。报表编制之间必须遵循严格钩稽关系。虽然如此严密，但财务会计人员经常为了毫厘之差而苦不堪言。

如财务一般报销单：

费用报销申请单

编号：　　　　　　　　　　　　　　　　填报日期：　年　月　日

<table>
<tr><td>姓名</td><td></td><td>部门</td><td colspan="5"></td><td colspan="2">职务</td><td colspan="4"></td><td rowspan="7">附件

张</td></tr>
<tr><td rowspan="2">费用项目</td><td colspan="3" rowspan="2">内容说明</td><td colspan="10">费用金额</td></tr>
<tr><td>千</td><td>百</td><td>十</td><td>万</td><td>千</td><td>百</td><td>十</td><td>元</td><td>角</td><td>分</td></tr>
<tr><td></td><td colspan="3"></td><td></td><td></td><td></td><td></td><td></td><td></td><td></td><td></td><td></td><td></td></tr>
<tr><td>金额（大写）</td><td colspan="2"></td><td>合计</td><td></td><td></td><td></td><td></td><td></td><td></td><td></td><td></td><td></td><td></td></tr>
<tr><td>财务审批</td><td>部门主管审批</td><td colspan="2">财务复核</td><td colspan="3">部门审核</td><td colspan="3">经办人</td><td colspan="4">报销人</td></tr>
<tr><td></td><td></td><td colspan="2"></td><td colspan="3"></td><td colspan="3"></td><td colspan="4"></td></tr>
</table>

这样的报销单显然不可能形成完整的数据维度，无法满足经营者对业务分析的需求。

而经营会计采取的是“应计制”的单式流水记账法，这是在原始数据产生时，从业务活动的源头就确保其填制的“完整性、准确性和及时性”，由业务源头就遵守“经营会计准则”来保障的，如业务与数据“一一对应原则”“双重确认原则”“费用与销售额的匹配性原则”。而在后期加工，则通过5大部门职能（业务部、财务部、经管部、审计部、监察部）来确保对账的精准。而财务会计其本质是在原始数据单据之后的处理来保障，它是在业务产生后进行凭证、记账、核算。

见“经营会计报销单据”。

sin 道成智聚

费　用　报　销　单

年　　月　　日　　　　单据及附件共　　张

费用科目	产品	摘要	部门归属	金额	编号	公司负责人审批	
						经理审批	
						部门主管审批	
报　销　金　额　合　计						报销人签名	
核实金额（大写）						备注说明	
借款金额（小写）¥		应退金额 ¥		应补金额¥			

会计主管：　　会计：　　出 纳：　　证明人：　　经手人：　　领款人：

3. 传统会计的严谨性与经营会计以经营逻辑处理信息的适用性互补

现行会计核算方法体系的会计信息，主要是以科目为标识的账户发生额及余额。其中账户有总账、分类账、明细账、日记账等；发生额可以有月度、季度、年度，当期额、余额；也有期初与期末之分；此外记账有本位币、外币、数量等计量标准。这些数据加上复式记账法的运用，确实能够正确反映经济业务的往来。

然而，以核算“资产、收益、现金”为目的的财务会计，基于以上方法收集的会计数据至少缺少以下几个方面的信息：

①以会计科目为标识的账户发生额及余额的会计信息，大多缺乏对企业未来发展趋势及前景的预测信息。

②因为会计信息记录企业自身的情报，让信息使用者只朝内看，缺少关于同行业的可比的会计信息。作为企业经济状况“指南针”，现行的会计信息系统未能有效地收集和管理市场商业情报信息。

就此而言，时刻关注企业内外市场环境的变化，以“满足用户需求，以顾客为中心”的价值体现，同时又要实现快速应对竞争，调动“员工积极性”，达成“销售额最大化，费用最小化”这一原则，构建起来的经营会计，却更加注重“内外兼修”。

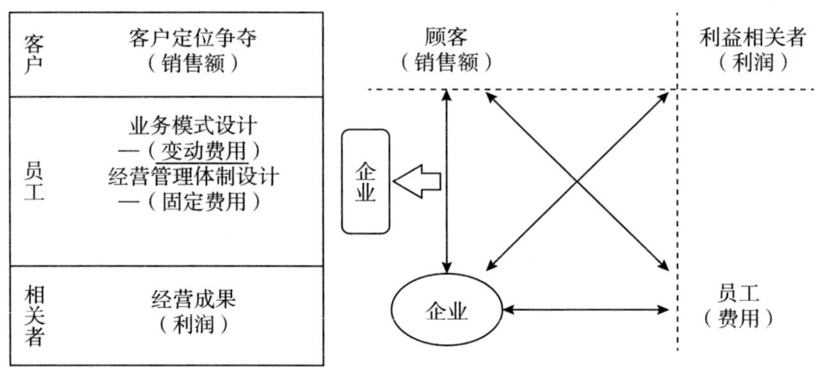

经营会计中的“销售额”主要是“主营业务的销售额”，它直接反映对顾客定位精准和客户需求的把握能力。而所有的费用是员工为了获得销售收入而产生的支出，其变动费花钱效率与效果高低，是由对外“交付客户价值”全过程模式设计与竞争对手相比先进与否决定的；其次，固定费的花费是维护企业正常运转而产生生产效率和生产能力，其大小高低与企业的体制设计相关，

其设计水准与竞争对手相比越开放，越能调动员工的积极性，则企业的生产效率与生产能力越高。最后所得利润大小往往与利益相关者相关联，当企业看待与利益相关者的关系从简单交易关系、到双赢、再到共生关系的升级，其利益格局越大，利润就越大。

4. 现行会计核算方法与经营会计核算方法互为表里

（1）应计发生制是权责发生制、收付实现制的有益补充

现行会计准则通常使用“权责发生制与收付实现制”来进行收入与费用归属判定。权责发生制是根据权利和责任关系（不论款项是否收付）的实际发生期间来确认收入与费用的归属期。而收付实现制是以款项收付（不论权责关系是否发生）的实际发生期间来确认收入与费用的归属期。从理论上讲，二者各有千秋。但我国通常采用“收付实现制”。

然而，权责发生制与收付实现制对于企业经营而言，存在着滞后性和数据与业务实际不能一一对应的情况，为了能更好地给经营者提供有效分析的情报，经营会计则是采取“应计发生制”。所谓应计发生制就是“在同一核算期间，企业的收入与费用真实的业务发生一一对应，所有本应该记录的会计货币及如数量计量的非货币会计信息进行账务记录。”如：本月发生“变动—人工费；固定费—人工费”，财务上是采取“预提费用”，对此，经营会计采取实际发生的，应该计入本月每日统计的“人工费”。又如，品质失败产生的成本损失与产生费用，财务会计是在总制造成本中反映的，经营会计则必须记录“品质失败费用”。

应计发生制是脱离权责发生制与收付实现制之外的混合形态记账法，其目的是即时反映经营过程中某一时点的问题。权责发生制下，会计信息描述的是权利与责任在某一期间发生转移的状况；收付实现制下，会计信息描述的是

在某一期间收入、支出发生的过程状态。三种状况结合能有效互补，更全面地反映企业经营全貌。

（2）历史价值与重置价值、机会价值混合运用

所谓历史价值，是指取得某项财物时所实际支付的现金或其他等价物。重置价值是指在当前市场同等条件下重新获取具有相同使用价值的财物所需要实际支付的现金或其他等价物。现行财务会计核算方法大多数选择历史价值，是因为历史价值是实际发生的，具有客观性，而且易取得。然而，在特定条件下，比如在企业分立或合并、在固定资产的盘盈等处理时，却又不得不谨慎地、保守地采用重置价值。

而这一点与经营会计规则其实极其相似，经营会计采取的是“历史价值、重置价值与机会价值”相结合来处理。如由于时装生命周期极短，为了反映经营的实际状态，过季之后必然会低价，甚至会低于原来“成本价”出售，此时依照“极致谨慎的原则”作为“库存贬值”归零处置。

（3）货币计量与非货币多维计量才能反映真实经营能力

无可非议，货币作为一般等价物，用以充当会计的统一的计量单位是非常合适的。但是非货币计量也非常重要。特别是对类似人力资源、无形资产等有时很难使用或并不适合使用货币作为计量单位的管理对象。可见，现行会计核算方法体系中强调以货币计量为主、非货币计量为辅的方式未免顾此失彼。

如经营会计中会加入时间轴来计量，单位时间核算更加公平，体现出不同资源条件下的生产力大小。对于带100人队伍的A主管和带1000人队伍的B负责人，从绝对值来看肯定B所创造的价值大于A，但假如使用时间因子后，单位小时的附加值则能更加公平比较。

销售额	对公司外	A1	
	对公司内	A2	
	总额	A0	
内部采购		B0	
销售净额		A	
费用	部门内直接	B1	
	部门内分摊	B2	
	SBU间接分摊	B3	
	合计	B	
（附加值）收益		C	
工时	正常	D1	
	加班	D2	
	部门内分摊	D3	
	SBU间接分摊	D4	
	合计		
部门内月均总人数		E	
月单位时间收益		F	
月单位时间销售净额		G	
月人均收益		H	
月人均销售净额		I	
本月承接订单总额		J	

在适当场合下，对于经营资源的投入除了资金以外，还有大量非货币计量资源也需要计量其投入效果，如时间、面积、人数、品种数、品牌等。所以从另一角来说，数量的非货币计量和金额计量同等重要，此时相比财务会计，经营会计显得更加灵活适用。

5. 表内科目和表外台账结合

“有借必有贷，借贷必相等”是现行会计核算方法体系中的一条重要的记账原则。然而，我们也不无遗憾地看到这条金科玉律有时面对现实的经营业务也处理不好。比如：银行会计中的空白支票、承兑汇票，外贸会计中的外汇收支核算中，都不得不采用表外科目对经营业务的发生加以补充登记。经营会计由于采取单式流水记账法，依据其企业独自的会计规则，相对而言，处理起来则灵活得多。

如作为“订单式生产下的剩余库存产品”，根据“经营会计核算规则”作为归零处理，因为在计算总成本时已经按订量的总数标准核算，而剩下多余的库存自然价值归零，而在业务台账上仍然有存货数量。但财务会计则不能如此处理，只能在表外记录该项业务，否则无法平账。

6. 期间编报与实时编报结合

现行财务会计核算方法体系中出于有效控制会计信息加工成本及其他因素的考虑，在会计分期这一假设前提条件下自然而然地选择了定期编报的习惯做法。然而，经营者更想得到实时报表，当然希望会计人员也能提供实时编报直至每天。

由于经营会计是反映企业经营的实际状态，所以经营会计报表必须具有及时性，在这一点上，经营会计编报为了提供给最小组织及时决策，必须实现小时核算编报。其次各级组织经营者需要天核算、周核算、月度决算、年度决算等。单位小时核算一次，就能支持各小组织的经营者及时发现问题、解决问题，从而改善经营业务业绩。日本的京瓷集团所采用的单位小时核算在1990年代就应用得十分成熟，并采取阿米巴经营，从而成就了两家世界500强。

各种会计都有其优缺点，财务会计是给债权人、银行、金融、政府、股东、政府、税务机关等关于“资产、资金、现金流”的期间状态提供有效的信息。管理会计主要应用于标准成本的研究，而经营会计则是为高层到基层经营者提供及时的决策信息，去发现经营的问题，并给出改进对策，提高组织的生产力，从而提高组织的“收益性、安全性、成长性、生产力”。

每种会计产生的目的不一，各司其职，分别给与不同的人员使用，从出生就注定了它们有各自的优势。一切的工具都有缺陷，同时运用各种会计的各自长处，优势互补，从不同的维度来发现企业问题，从而全面地把握主要矛盾，根本性地解决企业经营的问题。

经营会计的数据执掌

企业如人体，要把身体经营好必须中西医结合，保健与治疗相结合。企业的经营也是一项系统工程，构成企业经营的要素也如人的构成。经营理念如人的价值观，策略就是人的思想，组织体系就如人的骨架，信息系统如人的经络，机制如人的肌肉，数据如人的血液。由此可以看出，数据对于企业经营的重要性不言而喻，数据是企业经营的指南针。企业的数据是如何收集、处理、传递的呢？在不同阶段谁负责呢？下面我们来深入探讨。

1. 数据的执掌部门及职责

一提到会计，大部分人总认为是财务的事。诚然，财务会计的核算确实是财务部门的事情，但其数据的收集仍然来自每个部门。经营会计亦然，但不一样的是财务部的财务会计信息是提供给股东及权益机构使用的，所以往往是财务部门做成分析编报给权益机构。而经营会计的目的是提供给经营者当事人及时进行经营决策，所以经营会计的数据来自各当事员工填报、收集、汇总、编报、分析，这一切全都由各自独立核算的单位负责人自己进行处理。如此一来，经营会计的数据就要求达到“完整性、及时性、准确性”，那么，如何确保这样的目标呢？

所谓数据的完整性，就是要用全面的数据从不同的角度将事物的各要素描述清楚。如描述一个人有很多维度，学历、肤色、年龄、性别、名字、血型、身高、体重、民族等等，把一个人的生物特性就介绍完整了。出差费：发生部门、目的、何地、时间、当事人、拜访事件客户、为哪个订单等，只有多角度收集原始数据，后续的处理和分析才能便捷、精细化。

所谓数据的及时性，就是各经营者每天及时要了解的现场实际状态，需要掌握的最短需求时间，最短间隔期间。它直接与小组织经营的PDCA循环关联，其周期越小，经营管理的水平越高，放权的风险就越小。

所谓数据的准确性，就是能真实地反映事件的真实性，能对现场进行直观还原。它符合相应的规章制度、流程、权限规定，而且合法合规。

下面我们来研究数据执掌部门及责任。

（1）数据执掌的5大系统

我们来看企业的基本组织体系，如下图。

在一般的企业组织中，经营管理部作为企业的神经中枢，拥有最全面的原始单据的数字信息库。集团大脑经营管理部是老板的左脑，为企业提供战略的经营管理决策信息。各事业部的经营管理部则是为各事业单元提供战术性的数据编报分析，而对于每个部门职能系统内部管理如营销、生产的辅助组织提供日常每天、每周、每月的战斗性决策数据支撑，直至到基层经营小组织。如此一来，经营管理辅助体系整体建设才能支撑数据信息全面性收集、处理、传递。

集团经营管理部作为经营会计的主管部门，自然就成为了数据执掌的中枢。在总部大脑机关的经营管理部的职能建设尤为重要。各部门数据管理职责如下：

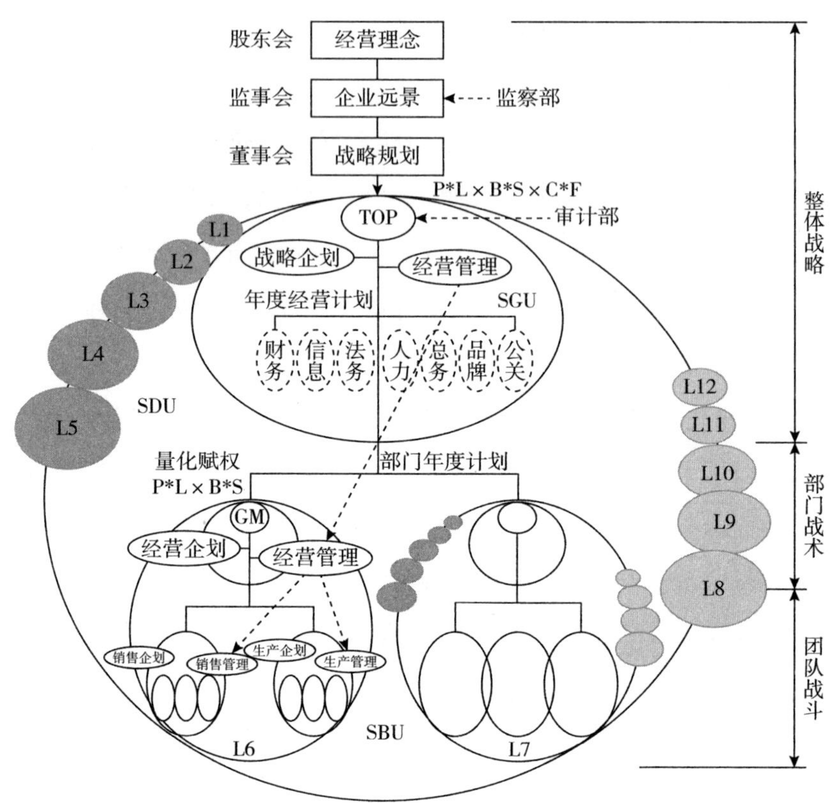

业务部门：日填报原始数据→明细表→汇总统计→日编报→日核算经营报表→经营体全部员工、独立核算负责人。

经营管理部：接受各部明细表→汇总统计→日编报→日核算经营报表→月度经营分析编报→独立核算部门负责人。

财务部：接受原始数据→ 凭证→ 科目明细表→汇总财报→月度财报→期间财务分析编报→高层负责人、债权人。

监察部：按公司制度规定，不定期监察原始凭据、加工凭证数据的合规、合法性、真实性，提交数据信息处理过程的监察报告给各部，确保数据过程统计的有效性。

审计部：按公司制度规定，不定期审查原始凭据、加工凭证数据的合规、合法性、真实性，数据信息处理结果的有效性，提交审计报告给各部，并提出改善建议。

经营会计所需的数据，由各自独立核算经营组织自己填报原始数据，每个人都会填写对应的单据，把他们干什么说得清清楚楚，这样各自独立核算小单位才一目了然。他们自行处理加工形成自己的经营报告，自己分析，不但提高自身的管理水平，更因为参与才会认同，只有当家了才知道柴米油盐贵，这样才能全员经营。

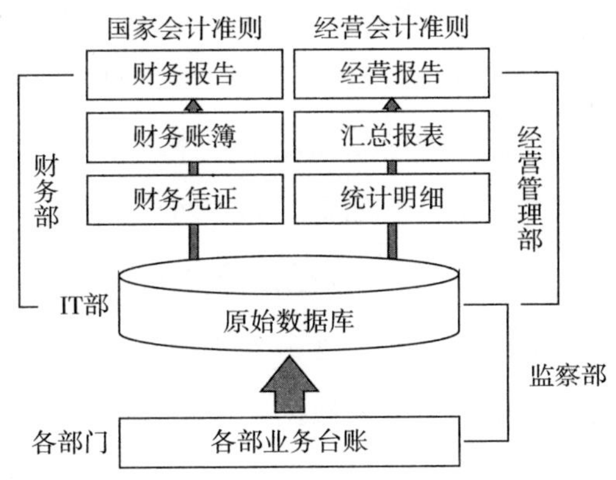

（2）数据要实现“三性”，必须建立健全的管理体制

数据执掌的5大系统共同协作才能真正保障数据的“完整性、及时性、准确性”。所以需要具备相应的制度、流程、权限的设计来保障，从而推动精细的量化管理。

对于业务部门的原始数据的收集，其填报过程除需要业务部门本身的规范管理制度外，还必须依据经营管理部制定的相关标准《经营会计准则》来实现统一的要求。数据的过程保障，由统计监察部来执行，参照公司统一的《统计监察制度》。财务部门则按照《国家会计准则》来提取原始单据和报表凭证制作财务凭证，汇总科目明细及总报，执行财务的编报。经营管理部依据《经营会计准则》编报经营报表和报告。审计部依据国家审计法规及企业内部《审计制度》进行数据信息过程及结果审查，确保合规合法。信息部门则必须按照公司统一制定的《保密条例》《分权制度》执行数据处理、传递、分发。

各个数据管理系统各司其职，又相互监督，只有如此，统一协调才能最终实现各数据信息的“完整性、及时性、准确性”。

2. 经营会计和财务会计的基础数据的收集及其关系

任何企业都会有一个会计账户科目体系。这个体系是从原始的票据来的，原始票据包含发票、出仓单、进仓单等，这些原始票据要及时进入到账户科目体系进行管理，必须建立业务数据记录的体系及规章制度，也就是每个业务的发生背后就是数据的产生。比如仓库的东西少了，生产现场的东西多了，因此，①业务活动的进行，结果必然是业务数据记录的产生；②如何对结果进行及时的把握，必须坚守一一对应的业务处理原则：A.物随票动；B.物动之前先录入电脑，录入之后才发货。业务数据记录的管理必须在每个细分的管理科目对象中具备。

接着再根据目的的不同，把数据加以抽取，分别编制成财务会计、经营会计、税务会计、管理会计账目。

对于中小企业而言，财务会计初期可以接管经营会计管理职责，只要高层明确提出了业务及经营会计的管理标准即《经营会计准则》，财务会计也可以把经营会计的报表做出来，但生成后则由当事人来分析活用。

业务数据记录的管理体系的责任者是由经营管理部（企管部）部长主导，由业务当事部门、信息部部长、财务部长、人力资源部长、事业部长及其他辅助部门来协助完成。

要建立业务数据记录管理体系。首先是业务体系要建立，即业务流程、权责、作业标准及其体系化，业务模式必须明确。比如要建立跟顾客从线上转型到线下线上相结合的终端服务方式，就要开发新的业务流程以及体系化。

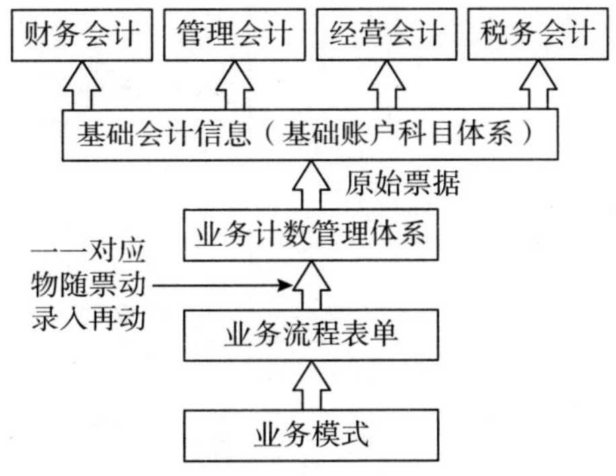

3. 从财务会计转化到经营会计

在推行经营会计之初，中小企业由于没有独立的部门来执行，因此往往财务部门有一人来担任经营会计岗，这样一来，理解财务会计和经营会计的数据显得尤为重要。

①两种损益表的对比。

财务会计和经营会计有着哪些内在的联系及异同，需要我们进一步研究。下面是两种会计损益表的对比。

财务会计的损益表
年 月 日～年 月 日（单位：万元）

项目	金额
1. 营业收入	×××
2. 制造成本（销售成本）	×××
3. 营业总利润（毛利）	×××
4. 销售费用	×××
5. 一般管理费用	×××
6. 营业利润	×××
7. 营业外损益	×××
8. 本期纯损益	×××

↔

经营会计的损益表
年 月 日～年 月 日（单位：万元）

项目	金额
1. 销售额	×××
2. △变动费	×××
3. 边界利润	×××
4. △固定费	×××
5. 经营利润	×××

仔细研究可以看出，财务会计和经营会计的要素，不同如下。

	财务会计损益表	经营会计损益表
对象	公司	企业、事业部、部门、团队
期间	年、月	年、月、周、日、小时
项目数	8个（4个收入，4个费用项目）	5个（3个收益，2个费用项目）
	货币要素	附加非货币要素项目（时间、人、面积、长度等）
项目的关系	加、减的关系，各项目之间的关系是间接的	加、减、乘、除的关系，各项目之间的关系是有机的、必然的直接关联
费用分类	第2次分类是按照发生的形态（国家会计准则）进行分类	第2次分类是按照发生的目的、形态进行分类

由此可见，各项目第2次分类的原则不同。

②各项目第2次分类的原则。所有的会计核算都要经过2次以上的项目分类，第1次分类，由很多原始凭证将属于原材料、包装材料、水电、折旧费，物流、能源消耗、促销费等分别进行汇总，这叫第1次分类。

第2次分类，把原材料和水电费用等放到销售成本中，叫第2次分类。财务会计的第2次分类，是按照项目发生的形态来分类。经营会计分类是按照发生的目的进行分类，两者区分归类标准不一。

比如原材料是以成本的形态（国家会计准则规定）来发生的，所以归类到销售成本；房屋属“资产类”；由于各项目之间不是有机的关系，直观上项目之间没有强关联度，看不到这个项目变化会给其他项目带来什么样的变化。

经营会计按照发生的目的来分类，各项目之间的关系是直接强关联关系，是有机的，各项目中任何一个发生变化，都会对其他项目带来直接的影响。原因是从项目的定义而来，各项目之间从定义之时就建立了关联度。

③从财务会计损益表转化到经营会计损益表。下面分析财务会计损益表与经营会计损益表两者在具体计算体系上的差异。

首先，要理清财务会计项目与经营会计项目内涵区别。

	财务会计损益表	经营会计损益表
销售额	按收付实现制、权责发生制记录的主营业务收入a	按应计发生制记录，销售给客户主营业务收入，含内部销售A
成本	销售成本b	—
费用	营业费用c	固定费B
	管理费用d	变动费C
	财务费用e	
利润	营业总利润f	边界利润D
	经营利润g	经营利润E
	营业外利润h	—
项目关系	a−b−c=f f−d−e=g	A−B−C−D=E

经过对比可见，财务会计的损益表将费用分类为销售成本（在制造业企业指本期产品生产成本）与销售费用、一般管理费用及营业外费用。

与此相对应，经营会计采用的是完全不同于财务会计的分类方法，对费用进行了第二次分类。即以销售额为基准，重视相对于销售额的变动性，从而将费用区分为与销售额成正比例变动的费用群与其他的费用群，前者命名为变动费，后者命名为固定费，这样就形成了如下的计算体系。

从销售额中减去变动费，剩下的余额称之为边界利润，在经营会计损益表的概念中，营业总利润（毛利）的思考方式已不存在了。其本质，经营会计也不存在成本的概念，全部转化为费用处理了。

两者之间的差异主要表现在费用的分类及判定的方法不同。当然，也要思考财务会计的销售额与经营会计的销售额的差异。

其一，导致销售额差异的主要原因是经营会计在做小组织核算时，具有内部销售额。

其二，差异来自于两种会计规则中的标准是否一致。

其三，营业外的损益不能归类于经营会计报表中，凡是不能反映组织实际经营能力、与主营业务无关的数据科目则剔除。

由此可见，财务数据的利润值不等于经营会计的利润值。

第二，经营会计费用的定义及判定。

经营会计与财务会计其计算方式主要是在费用的分类及判定标准上完全不同。要将财务会计损益表转化成经营会计损益表，主要是费用的重新归类。

经营会计是如何将费用进行分类的呢？根据经营管理目的的不同有不同的方法。

但是，作为实践展开的费用分类方法是，将费用划分为与销售额成正比例的变动费用和其他费用（固定费用）的分类方式。重要的是，它把变动费指定为与销售额成正比变动的费用。在通常管理会计中的变动费与固定费的概念，与本书经营会计所主张的变动费与固定费的概念之间存在着微妙的差异。

其一，变动费的定义与特性。

所谓变动费是指与销售额成正比例增减的费用，其基本特性如下。

——与销售额成正比例增减；

——短期获取销售额支出的费用；

——反映的是市场策略，获取销售额的手段。

其二，固定费的定义与特性。

固定费是指不与销售额成正比例发生的费用，或者叫变动费之外的费用。其基本特性如下：

——不与销售额成正比例增减；

——没有销售额也要支出的；

——维持企业正常运转必须支出的。

其三，当当事人对上述特征无法判断时，以贯彻经营者意志为准。经营者认为把这笔费用当成变动费或固定费来管理是否更合目的、更合理、更高效。

其四，虽然已经将变动费指定为相对于销售额成比例的增减，但是，在实务中，这种完全线性关系几乎不存在。因此关于如何判定变动费，仍有许多方法：

A. 通常将变动性费＝变动部分＋固定部分，而只抽出其变动部分的方法（称之为个别分类法）。例：水费（基础＝固定＋相对于使用量的费用）。

B. 将纵轴定义为费用额，将横轴定义为销售额，对实际发生的费用进行分析，通过观察费用与销售是否成为比例关系的倾向来判别（称之为图标法）。

C. 首先将费用分成科目单位，根据每个科目单位来判断与销售额成比例变动的可能性，按“科目类别”将费用区分为变动费与固定费（类别费用科目法）。

实务中，由于经营会计需要易操作、易直白发现经营的问题，所以本书所采用的是第三种方法。下面我们看看制造业中常见费用的分类。

变动费：原材料费、生产用水电费、营销人员的样品费、客户接待费、物流费、邮寄费、成品库存资金利息、营销人员差旅费、展会费、促销费、模具费等。

固定费：厂房租金、员工基本工资、设备折旧费、办公用的水电费、办公用通讯费、伙食补助、社保福利费、培训费、设备开发费、新产品开发费、办工用品费、年审、购置税等。

第三，会计科目的设计。

推行经营会计初始阶段，往往涉及到财务报表与经营会计报表对应转化，这是我们研究财务会计与经营会计科目之间的映射关系，其基础科目设计必须注意的事项。

经营会计是要反映组织经营的真实状态，所以其表面是科目，实则是经营活动的现场过程投影。

①其科目要直白反映业务活动的特征。

如：变动费—销售成本—原材料成本→（财）制造成本；

变动费—制造费用—车间水费→（财）制造费用；

固定费—其他固定费—办公水费→（财）管理费用；

②当一个科目无法判断它的属性时，必须细分。

如：固定费—其他固定费—固定人工费，由于人工费无法分清是直接人工，还是辅助人员的人工，所以不好划分，此时只要细分四维度就清楚了。

部门—固定费—其他固定费—固定人工费

→①（财—直接人工）制造成本

→②（财—间接人工）管理费用

如：（财）差旅费→①（经）—变动费—营业差旅费

→②（经）—固定费—公关差旅费

③科目设计要贯彻经营的理念。特别是互联网时代，像海尔人单合一的经营会计一样，其中衡量企业的价值不仅仅是企业的销售额、利润数字的表达，还有客户价值的科目。

如：（经）销售额—基础销售额（＋）→（财）销售额

—奖励销售额（＋）→（财）销售额

—销售折扣额（－）→（财）销售费用

那么，为何“销售折扣”不放到“变动费”科目类?

④科目的设计需要去解决某种问题。为了解决库存的资金积压问题和订单准确性问题，设置如下科目。

如：变动费—变动费利息—库存利息→（财）x

基于以上分析，我们可以总结出两种科目之间如下转化的过程。

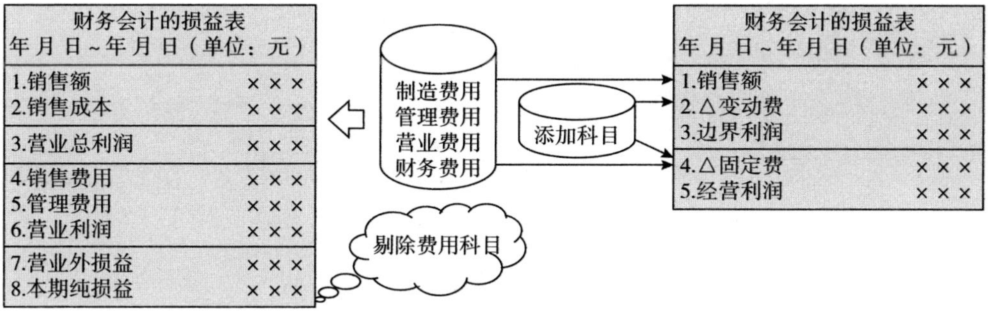

财务会计的损益表 年 月 日～年 月 日（单位：元）	
1.销售额	×××
2.销售成本	×××
3.营业总利润	×××
4.销售费用	×××
5.管理费用	×××
6.营业利润	×××
7.营业外损益	×××
8.本期纯损益	×××

制造费用
管理费用
营业费用
财务费用

添加科目

剔除费用科目

财务会计的损益表 年 月 日～年 月 日（单位：元）	
1.销售额	×××
2.△变动费	×××
3.边界利润	×××
4.△固定费	×××
5.经营利润	×××

3

经营会计的特性

企业如人，企业的经营和人的经营如出一辙。经营会计体系是以中国易经“象、数、理”的哲学思想为前提，以“五行生克”辨证运行规律为基础，以“人体仿生学原理”而创造出来的数字经营体系，是中西医完美结合的产物。其综合手法是运用中医系统诊断，找出根本性问题，开出“整体解决方案”的处方，结合西医诊治手法重点突破，达到表里兼治。

经营会计体系的活用是为企业从高层到基层小组织的经营提供即时的数据信息，使经营者直观地发现问题从而解决问题。经营会计损益表作为最重要的工具，必须发挥它的使命和功能。

经营者是如何运用这个表的呢？我们下面来对经营会计损益表内在的运行机理做充分的研究。

1. 经营会计损益表概要

经营会计损益表之所以能发挥与财务会计、管理会计等不同的功用，原因实际上就隐含在其损益表的特征之中。损益表各项目结构如人体结构，有着严密的定义逻辑，各要素之间自动地相互发挥有机作用。

财务会计各项目之间只有加减关系，意味着某一个项目的变动跟其他项目的变动没有直接的关系，是弱关联。而经营会计除了加减还有乘除的关系，意味着一个项目与其他项目的关系是有机的、直接强关联，因为变动费是与销售额成正比例发生的费用。各个项目之间的关系式如下：

销售额－变动费＝边界利润

边界利润－ 固定费＝经营利润

变动费率 ＝变动费 /销售额 × 100%

边界利润率＝边界利润/销售额 × 100%

边界利润率＝ 1－变动费率

因此，经营会计遵守两大基本算法规则：

第一，边界利润与销售额、边界利润率之间的关系。

边界利润＝销售额－变动费

边界利润＝ 销售额 ×（1－变动费率）

可得出，边界利润在销售额一定时，与边界利润率成正比例。而在边界利润率一定时，与销售额成正比例关系。

第二，经营利润与固定费和销售额之间的关系。

根据前面的说明，若边界利润率为定数的话，那么边界利润将可以以销售额的方程式表示出来，所以下面的方程式①便成立。接下来只要把固定费考虑为定数，这样方程式②便成立了。

①边界利润＝边界利润率 × 销售额

②经营利润 ＝（边界利润率 × 销售额）－ 固定费

第三，综合上述算法规则，我们发现边界利润率变了，销售额和变动费也跟着都发生改变，并且改变的比例是一定的。反过来，销售额一变，边界利润和变动费也会相应地改变，它们之间的关系是直接的和有机的。

经营利润跟其他的四个项目都是息息相关的，这五个项目中只要一个发生变化的话，其他的四个都要发生改变。

因为经营会计只有五个项目，是按照目的来分类，同时具有这两个算法规则，所以可以用来对经营进行简单直接的管理。

2. 经营会计损益表的特性

经营会计损益表是按照人体的体态来设计，分为上部和下部。销售额、变动费、边界利润称之为损益表上部；边界利润、固定费、经营利润称之为下部；而边界利润则是上下部的边界。

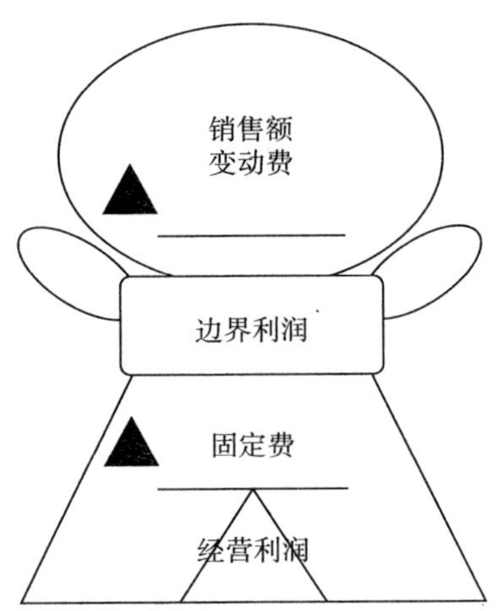

上部犹如人体的大脑，反映的是市场策略，体现的是市场相对竞争力。下部犹如人体四肢躯干，反映的是的企业生产能力，即企业体制，市场绝对竞争力。而边界利润是上下衔接的枢纽，犹如人的颈部，是人体信息神经中枢。

当边界利润大于固定费时，则产生盈利；当边界利润小于固定费时，则产生亏损。值得思考的是，到底是经营利润重要，还是边界利润重要呢？

（1）上部结构的特性

边界利润＝销售额－变动费

＝销售额×边界利润率

上部跟下部在计算上没有直接的关系，当变动费增大时，销售额也会成正比率增大，它体现了一个企业的市场策略。

①当有了经营政策的制定和实施，才有经营会计损益表的上部损益结构的产生。

②边界利润率，体现了企业的市场相对竞争力，俗称裸竞争力。

（2）下部结构的特性

①经营利润＝边界利润－固定费，经营利润受到了边界利润和固定费的影响，边界利润大于固定费的时候，就产生了经营利润。

②固定费体现了一个企业体制力的大小和经营资源要素投入的生产能力大小。

③通过固定费的生产效率即边界利润与固定费的比率可以测定经营体制力的强弱。

（3）盈亏平衡点的定义和意义

当边界利润等于固定费时，即经营利润为零，此时的销售额称为盈亏平衡点。盈亏平衡点简称BEP（即 Break Even Point的缩写）。盈亏平衡点不是简单的盈亏关系，而是“死”和“生”的关系，企业要非常关注这个项目。

盈亏平衡点是当经营利润等于零时的销售额，是企业经营的“生”和“死”的边界。盈亏平衡点的明确、把握和改善对企业经营者来说是非常重要的工作。比如新开一个店铺多长时间能赢利；或环境不好时，市场出现下滑，此时这个概念会变得非常重要。

A店铺	不足利益	平衡点	超过利益
销售额 边界利润率	80 40%	100 40%	120 40%
边界利润 固定费	32 40	40 40	48 40
经营利润	-8	← 0 →	8

下面我们将研究经营会计损益表上述的本质，并深入理解盈亏平衡点的计算方法，建立起实践运用的基础。

（4）盈亏平衡点销售额的计算方法

经营利润＝边界利润－固定费＝0

边界利润＝固定费

边界利润＝销售额×边界利润率

固定费＝销售额×边界利润率

所以，BEP销售额＝固定费 ÷ 边界利润率

实际上，假设企业的固定费是不变的，企业的市场相对竞争力（边界利润率）也是预知的，这样我们就可以把企业的盈亏平衡点计算出来。

（5）改善盈亏平衡点的方法

盈亏平衡点＝固定费/边界利润率

提高的方法通常有：

①保持边界利润率不变，降低固定费；

② 提高边界利润率，固定费不变；

③ 边界利润率提升快于固定费提升；

④ 固定费下降更快于边界利润率下降；

⑤ 固定费下降，边界利润率上升。

我们说，盈亏平衡点是企业经营生死的分水岭。不注重企业经营的生与死的经营者是失职的，正如任正非所言，华为的战略，也只有唯一的战略就是活下去。

（6）盈亏平衡点安全度的定义及意义

① 盈亏平衡点安全度的计算方法：

盈亏平衡点安全度＝实际销售额 ÷BEP销售额。

②盈亏平衡点安全度的意义：体现了企业经营的安全性，同时体现了企业经营活动离死的距离。

BEP安全度＝100%→经营利润为零

BEP安全度＞100%→产生盈利

BEP安全度＜100%→出现亏损

③盈亏平衡点安全度评价指标：这个标准适合于任何一个企业，不分区域、业种、业务模式和规模的企业。105%意味着变动的幅度只有5%，意味着离死的距离很近，销售额稍微不稳定就会掉到地狱里。

盈亏平衡点安全度	评价	等级
145%以上	优	SA
130%~140%	良	A
115%~130%	中	B
105%~115%	可	C
~105%	差	D

因为盈亏平衡点安全度是比值，对所有的企业来说地狱和天堂的含意都是一样可比的。丰田汽车的盈亏平衡点安全度与其他企业的可比性是共通的，丰田的实际销售额大，盈亏平衡点销售额也大。

④盈亏平衡点图与企业的损益结构。

含义：通过图表的方式，把握企业的损益结构。

画法：

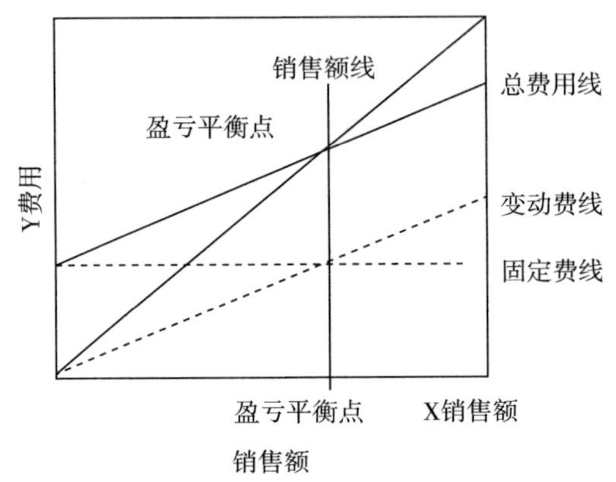

——横轴为销售额，纵轴是费用；

——两个轴取相等的单位，作一正方形；

——画出固定费线，为水平线；

——变动费是与销售额成正比例变化的，因而相互之间是线性关系；

——总费用线为变动费线和固定费线的合计，因此是与变动费平行的一条线；

——销售额线当作总费用的负担能力线（正方形对角线）；

——销售额线与总费用线的交点所对应的销售额就是盈亏平衡点销售额；

——盈亏平衡点的箭头是指生和死的指示方向。

意义：通过将企业的损益结构图示化，实现目视管理，使员工对企业的损益结构及其变化一目了然，更容易与员工对企业经营的目的、现状、对策达成共识，更好实施和实现企业的对策与目标。

少用文字而用图示的方式进行目视管理。通过看榜、标示、灯光、色彩等起警示作用。

A公司连续亏损5年近-7亿元利润。我们接受咨询后，通过一年的努力，第2年实现盈利1.67亿元。我们的做法就是将企业的信息公开化、图示化，让员工和供应商了解企业。我们在A公司办公室贴满了图表，其中一个就是盈亏平衡点图，把连续5年的盈亏平衡点图挂出来，让公司员工和经销商看它的业绩是如何一步一步恶化的，在这个环境中跟经营者和员工对A的经营状况达成共识，首先削减固定费，接下来就是提高边界利润率。比如将多余办公室出租、缩减行政用车费，然后一点点进行了改变等等，接着与批发商之间改变了合作的关系，提高边界利润率。这就是目视管理和盈亏平衡点图在企业经营管理中的作用。

盈亏平衡点图有三种形态。

我们已就盈亏平衡点图的画法及其含义作了说明。盈亏平衡点的形态如实地反映着企业经营的体质。平衡点图反映出企业的固定费、变动费、变动费率是怎样的。盈亏平衡点往左走，健康；往右走，危险；让经营活动可视化。

下面我们对此进行进一步的研究。

观察一下人的体格，可以发现人的体质大相径庭，有的人肥胖，有的人瘦弱，有的人瘦高，有的人矮胖，有的人身材均匀，有的人身材很不协调。

人们往往认为个头高却瘦削的人有精神，有毅力、耐久；相反，个头不高却大腹便便的人对工作和运动等欠缺持久能力，而且没有爆发力，事实大致也是如此。与此类似，通过观察盈亏平衡点的形态，可以判断该企业的经营体质特征。

那么，要把握平衡点图的哪个特征呢？那就是固定费的位置和变动费率的状态这两个关键点。

按照这两个关键点的特征，描绘一下平衡点图，可以看出盈亏平衡点图有三种形态。

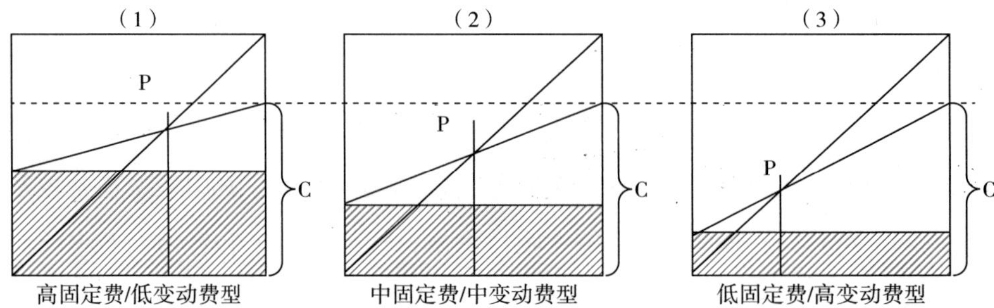

以上三图都是按同一水准（c）处理总费用绘制而成的，但是损益平衡点的位置则大不相同，我们明白高固定费型的平衡点是最高的，随着固定费降低，平衡点销售额会逐渐降低。

当总费用一定时，损益性健全的条件：如上图，总费用（c）相同时，固定费越少的企业，其盈亏平衡点就越低，收益性就越健全，经营就越安全。只不过，边界利润率图（1）＞图（2）＞图（3）。

有两家企业的总费用是一样的，一家有60%投入到固定费，一家只投20%在固定费上，第二家企业是比较安全的，第一家企业则相对臃肿。

盈亏平衡点高度相同时，损益性健全的条件：下面的图是将盈亏平衡点的高度统一，且给予固定费以变化，从而经平衡点锁定的三个型态类别的图示，它们的销售额相同。因此其盈亏平衡点安全度也都一样。

看一下图中画有斜线的部分（利润区域）就会明白，固定费越小，利润区域就越小，固定费越大，利润区域就越大。

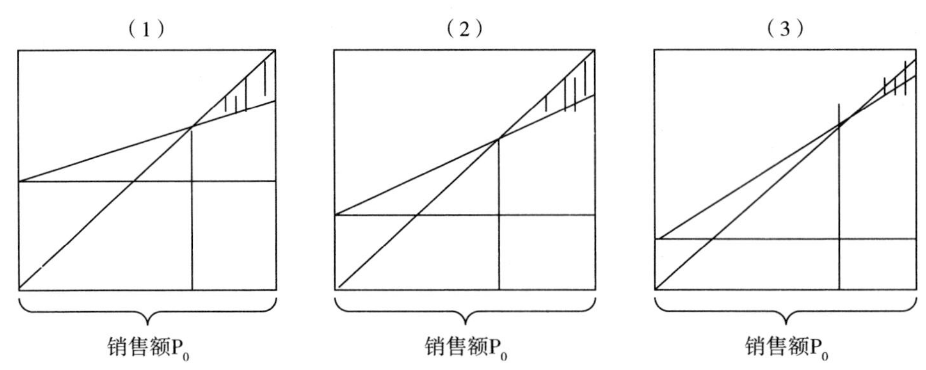

每个企业都应思考，如何改善盈亏平衡点安全度，有哪些方法？

总 结

❶尺有所短，寸有所长，每门会计工具都有优劣，只有综合运用才更完美。

❷经营会计的应计发生制是财务权责发生制、收付实现制的有益补充，只有这样的会计规则才能真正让数据反映经营的实态。

❸企业如人，经营会计的损益表如人体结构，上下部严密结合的有机强关联关系，更能简洁、直白反映企业的问题。

❹企业的经营和人的经营如出一辙，企业经营状态都能用数据直接反映出来。

❺企业的业务模式不同，其经营会计损益表结构则不同。

❻经营会计体系以中国易经“象、数、理”的哲学思想为前提，以“五行生克”辨证运行规律为基础，以“人体仿生学原理”而创造出来的数字经营法。

❼经营会计体系是“中西医”完美结合的产物。手法是运用“中医”系统诊断找到病根，结合“西医”诊治手法重点突破，达到表里兼治。

❽盈亏平衡点对企业经营而言极为重要，不注重企业经营的生与死的经营者是失职的。

❾边界利润是企业的生死线，要警惕边界利润率的下降。

第八章

经营高手的九阴真经

数字是宇宙的密码，但宇宙的原点却是无序的混沌。在纷繁复杂的世界中，回到原点，化繁为简，才能洞穿事物的本质。经营会计不只是核算的工具，经营会计活用水准的提升本质是经营者理念的升华。

——田和喜

1

业务模式与损益结构

经营会计为经营者服务的会计学，它与生俱来就有平民的贵族血统。即所有的经营者都必须用而且简单易用，因为它能直接反映经营的实际状态。虽然其名为经营会计损益表，但同时它也是用来显示一定期间内（年、月、日、小时）企业整体或企业的某个部门、小组织的经营成果的工具。

该损益表也有各种各样的表现形式。就如同每个人的脸面各有差异。以企业为研究对象时就会发现，不同的企业会有不同“面相”的损益表，它表达了企业所特有的人格。我们不可能从其他企业中找到任何一份与之相同的损益核算体系。

但如果从相面的角度来观察，脸部可以分成各种类型，并且会发现五官及其组合等也可分类归纳。相由心生，再进一步甚至可以凭借脸部的特征及面相去推断此人的性格及心理。同样道理，按照一定的规则来分类，区分和排列损益和费用的各项目结构特征，发现经营会计损益表也如人的面相结构一样，如此我们更加明确地将企业的“面相”模型化。对不同损益表加以研究后，就能判断该企业的经营体质和特征。

如上所述，我们将把经营会计的损益表模型化，思考并分析潜藏在模型中的特征称之为损益表的“结构分析”，并将该损益表的边界利润率的存在状态、固定费用的存在状态、经营利益的存在状态称之为“损益结构”。

下面我们来仔细研究一下经营会计损益表与企业经营活动的直接映射关系（见下图）。

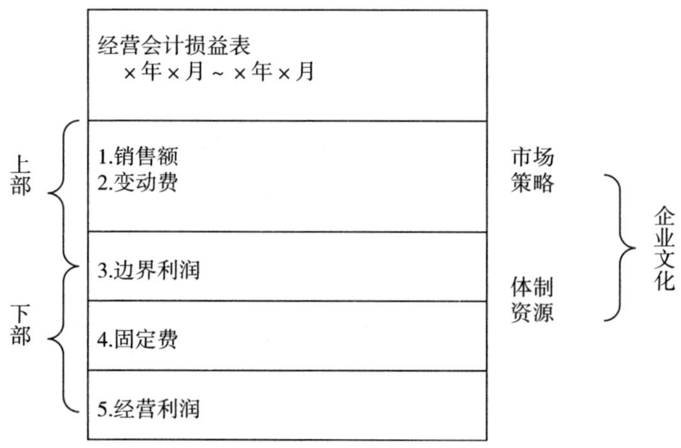

经营会计与经营政策

首先看上部结构，它体现了企业的市场策略和相对竞争力，下部结构体现了企业的体制策略和资源要素策略，整个损益表上下部结构的综合，体现了企业文化的活力。

每个企业的经营会计损益表都是不一样的，就像任何一个人都形态各异一样，因为每个企业的企业文化都是不一样的，会影响到它们的市场策略、体制策略、要素策略。我们通过分析一个企业的经营会计损益表结构，可以把握一个企业的市场策略。那么，为什么说它体现了企业的市场策略，它又是如何体现的，我们着重研究市场策略中的业态即业务模式。

任何一个市场策略都由三个要素组成，即客户定位、 业务模式、产品力（产品—服务体系）组成。

1. 损益结构的含义

不同的企业有不同的损益表，但相关的行业企业会有一些共同的特征。

对自己企业进行结构分析，发现损益表的边界利润、固定费和经营利润的存在方式，看问题在哪里，这样的分析就是损益结构——显示一定期间内，企业或某个部门的成果的表格。其表述的内容绝对是该企业、部门特有的，找不到一份与之相同的损益表。但有些面相相似，有共同的经营特征。

我们将损益结构模型化，看潜藏在模型中的特征。损益结构就是在损益表中的边界利润率是怎么样的存在情况，固定费用是怎么样的存在情况，经营利润是怎么样的存在情况，可以通过这些情况，以及它们之间的结构关系来判断企业的经营特征。经营会计有加减乘除的关系，通过这种分析可以看出企业的体质。比如效率低下，固定费庞大，是臃肿的体质，以及企业是巨人症还是侏儒症体质等等。

看一个企业的面相的时候，关键点就在企业的业务模式。

2. 业务模式的特性

下面通过变动费、变动费率以及边界利润率的存在结构方式，来分析经营业务模式的特性。

损益结构	制造业	批发业	零售业
1. 边界利润率（%）	30~50	10~20	18~35
2. 变动费率（%）	70~50	90~80	65~82
3. 固定费率（%）	30~45	7~15	16~30
4. 经营利润率（%）	5~20	3~13	2~19

企业业态（业务模式）不同，损益结构的面相特征不一样。

一般的制造业是高固定费（设备设施固定资产大），低变动费的；一般批发业是高变动费，低固定费（有仓库等）；一般的零售业是中固定费（有自己的店铺），中变动费的损益结构。

如果用盈亏平衡点图表来表示的话，上述的特征就会更加明显起来。下面就将制造业、批发业、零售业的损益构造特征用图表来展示。

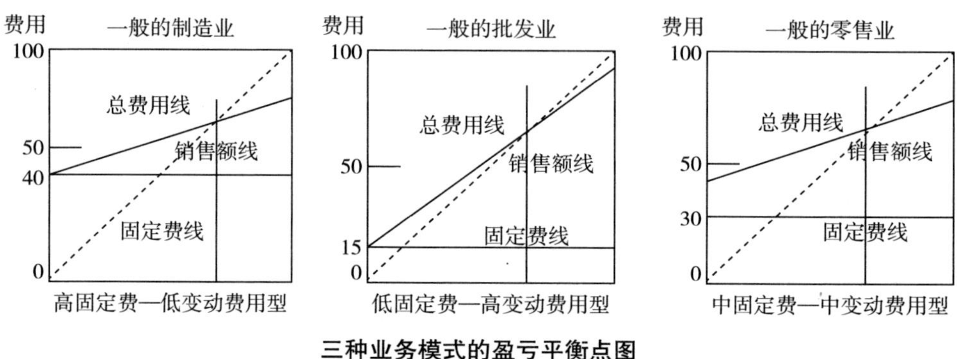

三种业务模式的盈亏平衡点图

3. 业务模式与边界利润率的关系

（1）制造业的变动费用项目和边界利润率

①变动费是由与销售额成比例发生变化的费用项目构成的。因此，对于经营组织来说，其变动费是与销售额成一定的比例发生变化的。

正如变动费率是30%或是45%或是60%那样，对于某特定业务模式的企业来说，其变动费率是一定的。只要企业的产品种类或是购买成本的价格体系，或是产品结构、技术，销售方法、制造方法等没有发生变化的话，就可以判断变动费率在一定期间是相对不变的。

②由于“边界利润＝销售额－变动费”，而变动费是销售额的一定比例。因此，边界利润对于销售额的比例也是一定的。边界利润对于销售额所占的比例，称之为边界利润率（＝边界利润/销售额）。

根据上述内容，我们可以理解，研究变动费率和研究边界利润率是一样的，因此，下面就将以研究边界利润率为中心来展开。

③进一步研究可以发现，企业的业务模式、制造方法、销售方法的不同，其边界利润率将有明显的特征。制造企业平均边界利润率和批发企业的平均边界利润率有显然的不同，而这两个业务模式和零售企业的平均边界利润率又有很大的不同。细分每一种业务模式，其中损益结构又有所不同。

其一，制造业的业务模式分类。仔细研究制造业企业的业务模式，又可以按照以下特征进行分类：

A. 完全自己生产，自己供货给客户的企业；

B. 完全自己生产，自己营销的企业；

C. 完全外包生产，自己营销的企业；

D. 完全来料加工，承包生产的企业OEM；

E. 部分生产，部分销售业务模式的制造企业；

F. 综合性的制造企业。

制造业业务模式对边界利润率影响的特性如下：

A. 自己加工的程度越高，边界利润率就越高；反之就越低。

B. 因此，外包程度越高，边界利润率就越低。

C. 营销程度越高，边界利润率就越高；反之就越低。

其二，制造业企业边界利润率变化的特性。

结合制造业企业的业务模式分类对其边界利润率的变化进行研究会发现，即使是同一业务模式，当外部因素特别是市场竞争因素发生变化时，边界利润率也发生变化。在这里，如果我们能够整理制造业企业的边界利润率的变化因素，那么，对于实现经营会计的本来目的，也就是分析经营结构，对整理经营课题，制定经营对策是非常有用的。下面从产品、技术、市场的角度再次做整理分析。

边界利润率与产品特性因素的关联图

技术特征＼加工程度	高	低
高	高 50%以上	中 49%~35%
低	中 50%~35%	低 34%以下

A. 产品加工的因素：加工度越高，边界利润率越高；

B. 产品技术的因素：技术越新，边界利润率就越高；

C. 市场竞争的因素：竞争越激烈，边界利润率越低；

D. 营销管道的因素：管道越长，边界利润率越高。

边界利润率与市场、营销特征因素的关联图

营销特征＼市场特征	市场占有率高	市场占有率低
多级批发：销售渠道长	高 50%以上	中 49%~35%
无营销；营销渠道短	中 50%~35%	低 34%以下

（2）流通业边界利润率变化的特性

把制造业生产出来的生活资料和生产资料送到最终消费者，企业的全过程称为流通过程，并把介入其中的企业称之为流通企业。进行生活、生产资料流通的贸易公司，批发业以及零售业都可以归入流通业的范畴。

下面我们将根据其功能将流通行业的业务模式进行分类，以有利于进行经营会计的研究。

①流通业业务模式分类对边界利润率影响的特性。流通业业务模式按其提供给客户的服务功能可以细分如下：

贸易公司：提供金融、顾客开发、商品开发、接受订货的中介、信息传达的企业。

批发商：提供信息传达、金融、顾客开发、商品开发、接受订货的中介，商品配送、商品销售、对顾客经营指导、提供库存的企业。

零售业：店铺型有百货商店、量贩店、专卖店、另外有访问销售、展示会、网络推销等无店铺等。

②流通业业务模式对边界利润率影响特性。批发和贸易公司对比，贸易公司的边界利润5%到15%；批发商一般在10%到30%。

A. 批发商具有自主销售多品种的商品的倾向。

B. 批发商要面对那些生产厂家以及贸易公司不想接触的较小的客户企业。

C. 批发商面对的中小企业，对企业来讲，其信用风险相对较大。

D. 有店铺边界利润率35%，无店铺很少超过35%。

边界利润率与相对竞争力

前面章节我们对财务报表和经营会计报表做了对比，财务会计的毛利核算、管理会计的附加值核算与经营会计的边界利润核算存在着哪些区别？这些概念的探讨，对于更深入掌握经营会计体系并活用非常重要。

1. 毛利润率与边界利润率的差异

（1）毛利润（率）的计算方法与边界利润（率）的计算方法及其差异

首先，毛利润（率）是财务会计在计算收益时的概念，而边界利润率是经营会计使用的概念，这是二者的基本区别。接下来研究一下这两种计算的结构方式。

（财）销售额－销售成本＝销售总利润

（毛利润）

（经）销售额－变动费＝边界利润

毛利润是财务会计损益表的用语，是销售额中减去销售成本后的差额，是销售总利润的简称。而边界利润则是企业的销售额减去变动费用（比例性变动的费用）的差额。

下面进一步从计算科目的角度来深入研究一下。这时其内容会因制造业或是流通业（批发业、零售业）的不同而不同，下面将区分开来表示。

首先来看流通业。

流通业企业的状况

（财）损益表

销售额	200千元	（100%）
–销售成本	180千元	（90%）
毛利润	20千元	（10%）

（经）损益表

销售额	200千元	（100%）
–销售成本	180千元	（90%）
△其他变动成本	10千元	（5%）
边界利润	10千元	（5%）

对于流通业企业来说，毛利润与边界利润的差异仅在于其他变动费用的一项，流通业企业的边界利润率一般来说小于毛利率。

制造业企业的状况

（财）损益表

销售额	300千元	（100%）
本期产品		
△制造成本	200千元	（67%）
毛利润	100千元	（33%）

（经）损益表

销售额	300千元	（100%）
△本期产品成本 将制造劳务费 其他经费 折旧费等扣除	100千元	（33.3%）
其他变动费	50千元	（16.7%）
边界利润	150千元	（50%）

制造业的制造成本包含了四方面的内容：①材料（原材料、辅助材料）；②人工费（直接人工和间接人工，管理费的摊分）；③设备设施费（租金、折旧等）；④其他类别费用（生产用水电、燃料、易耗品、固定资金利息）。由此可见，一般来说，制造业企业的边界利润率大于毛利率。

2.（经）边界利润（率）与（管）附加价值（率）的不同

（1）附加价值与附加价值的计算

边界利润（率）与附加价值（率）有什么不同？这是很难回答的问题。在这里，我们对其不同的基本内容进行了整理，并对为什么不是将附加价值计算的体系，而是将边界利润计算的体系作为经营会计核算的中心对象做出说明。

首先，可以据如下所述来理解附加价值的计算及附加价值（率）的含意。

对于企业活动在一定期间的成果的计算称为损益计算。其计算方法因对“成果”的思考方式不同而分成很多种类。如果将“成果”按收益、销售毛利、营销利润、经营利润的过程方式来计算的话，我们称之为财务会计的计算。如果将“成果”按销售额、边界利润、经营利润的顺序和方式来计算的话，则称之经营会计。那么，附加价值计算的体系是将“成果”按照怎样的顺序和方式来进行计算的呢？请参看下列附加价值计算表。

附加价值计算表

2007年1月1日～2008年12月31日

项目	金额（元）
收益	2800
–外部购入价值	2000
附加价值	800
–内部消耗价值	100
纯利润	900

也就是说，附加价值是收益减去从外部购入的价值之后的余额。这个余额意味着生产价值。因此，“附加价值”是“由企业内部的经营者及机械和其他要素创造出来的价值”。由此可以将附加价值理解为“企业生产出来的价

值”，附加价值也被称为“生产价值”。

但不同的人对于附加值的计算认识不同，如京瓷的财务内部交易的形式，对各经营小组织进行单位小时附加值计算表如下：

销售额	对公司外	A1	
	对公司内	A2	
	总额	A0	
内部采购		B0	
销售净额		A	
费用	部门内直接	B1	
	部门内分摊	B2	
	SBU间接分摊	B3	
	合计	B	
（附加值）收益		C	
工时	正常	D1	
	加班	D2	
	部门内分摊	D3	
	SBU间接分摊	D4	
	合计		
部门内月均总人数		E	
月单位时间收益		F	
月单位时间销售净额		G	
月人均收益		H	
月人均销售净额		I	
本月承接订单总额		J	

附加价值计算的权威是A.W.杜拉克。他在明确企业的成果并思考将成果分配给企业与劳动者的体系时，推导出了“附加价值”的思想。其目的十分值得评价和讨论，但是存在着许多计算技术方面的问题。

例如“外部购入价值”，恐怕没有人能够明白地回答“外部购入价值”

是什么问题。折旧费是外部购入价值吗？差旅费是外部购入价值吗？

时至今日，关于附加值的计算仍然没有定论。不同的人会有不同的解释和分类。对于附加价值计算的内容来说，很难有一个客观的标准。

（2）活用附加价值计算

研究附加价值的目的是对企业自身的生产价值进行计算，并将其作为成果分配的对象，实现公平的分配，从而激励员工。之后，进一步对附加价值率进行了研究，并将其作为研究企业生产力的工具来使用。

边界利润计算与附加价值计算的活用方法的不同

活用方法＼计算的种类		附加价值计算	边界利润计算
经营管理	①产品力分析	√	√
	②生产力分析	√	√
	③平衡点分析	×	√
	④平衡点安全度分析	×	√
	⑤成果分配分析	√	√
战略战术	⑥商品策略分析	√	√
	⑦流通策略的决定	√	√
	⑧销售模式的决定	√	√
	⑨投资回收计算	○	√

√，可以活用；×，不能活用

也就是说，对于能否活用于经营管理和战略战术的决策，边界利润计算比附加价值计算更具有优越性。

（3）附加价值计算方式不能进行平衡点分析

由于附加价值计算不能将费用分类为变动费和固定费，因此，不能进行盈亏平衡点计算，因此也就不能进行安全度的分析。

3. 边界利润率对经营的意义

我们通过以下事例来理解边界利润率对经营的意义。比如① 有A、B两家手机零售企业；②它们的价格相同；③同一家供应商；④ 购买相同的成品手机；⑤ 以相同的价格进行销售。

从下表我们可以看出，虽然两家企业的销售额相同，采购的能力一样，但营销和内部的运营管理能力却相差甚远，最后导致边界利润率相差巨大。

项目		A企业	B企业	意义
销售额		100万元	100万元	营销能力
销售成本（率）		50（50%）	50（50%）	采购能力
其他变动费	公关费（率）	5（50%）	10（10%）	公关能力
	促销费（率）	5（5%）	10（10%）	促销能力
	物流费（率）	5（5%）	10（10%）	物流能力
边界利润（率）		35（35%）	20（20%）	相对竞争力

如果说企业的市场竞争力高了，高在哪里，高多少？用经营会计方法可一目了然，经营会计呈现的数字背后都是一种清晰的能力表达。

因此，经营会计的“上部”，体现了企业的市场策略。边界利润率不是单纯的数据，而是体现了企业的相对竞争力。变动费率也不是单纯的数据，而是体现了市场相对竞争力的基本内涵及其每种能力优劣与对边界利润影响的程度。

相对竞争力，是与对手比较差别的或相比较易模仿的竞争力，它是表象，体现在市场的外在形态。

绝对竞争力，是具有独特人格特点的区别，相比较而言很难模仿的竞争力，体现了企业人格特征，体现在企业的内在形态。

前面谈到过市场相对竞争力强的企业，其边界利润率就高，那么，总的来说其经营利润率也高。也就是说，竞争力强的企业的经营利润率就高，因此，有必要深入研究。

4. 影响边界利润率的外部因素

下表是我们曾经咨询的A企业规模推移表。

单位：千万元

年度	2012	2013	2014	2015	2016	2017
销售额	240	280	210	250	270	300
△变动费	150	170	140	170	160	200
边界利润	90	110	70	80	70	100
边界利润率（%）	37.5	39.2	33.3	32.0	25.9	33.3

销售额从2012年的24亿元增长到2017年的30亿元，增加了25%。边界利润率从90万增长到了100万，增长了11%。销售额大幅度的增长大大超过边界利润的增长，这种状况我们叫虚胖。原因是边界利润率2013年最高，之后每年的边界利润都在下滑，下滑到2016年的25%。这说明其市场相对竞争力在不断下降。6年来虽然企业的规模扩大了，但市场竞争力在减弱。

从2012年到2017年，每年的销售额都在逐渐扩大，老板看了很高兴，但企业真正的收益不是销售额，而是边界利润，因为，变动费是要流到企业外部的费用，销售额中包含了流出企业的费用，所以销售额只是企业一个表面的收益，而真正留在企业的收益却是边界利润。所以，对企业经营者来说，追求销售额规模固然重要，但追求边界利润更为重要。经营者没有必要盲目地追求销售额无限制地扩大，因为那是非常危险的。

对上述案例进一步探讨，经过分析其原因，有外部的和内部的，我们试图找出内在规律，以提供给经营者决策。

（1）影响边界利润率的外部因素

① 产品的市场相对竞争力下降。产品品质、品种的构成、服务质量、价格、交易条件这些因素的变化都会造成市场相对竞争力的变化。

②市场竞争的激烈化。过度恶性竞争、深度促销战，会造成边界利润率的下降；降价竞争、服务竞争（保修期的增长，服务材料及成本上涨）、对市场过度承诺、大批赠品等。

③渠道网络或者是销售方式发生了变化。从直销转向经销商的销售；从单纯转向组合的变化，从没有店铺转向有店铺销售，也会使整个市场的相对竞争力发生变化。

那么，如何提高边界利润率呢？边界利润率越大越好吗？

（2）影响边界利润率的内部因素

A公司是某珠宝行业的批发商，1到3月边界利润率是9%；4到6月是8.1%；7到9月是9%；10到12月是9.8%；最低与最高相差了1.7%，相当大的一个数目。它的外部条件几乎没有发生什么变化（如采购价格和交易条件），但它的边界利润率还是发生了相当大的变化，为什么？肯定是改善了内部管理的因素。

① 库存少而周转快了，管理能力增强，对顾客需求把握能力增强，使整个销售成本得到改善。

②样品管理得更好，陈列展示的数量减少，反而产生了更好的效果。这也是管理的效果。

③中止销售返点佣金和年终销售奖励金的制度。

通过对内部的管理，才有了边界利润率增长1.7%的结果。这方面也可以通过计数看出来。

正是由于他们加强了内部的管理，计数的结果发生了变化，市场竞争力上升了。

（3）影响边界利润率的内外部因素

①外部因素表现在市场策略（战略），它会从长期的、整体的、根本的、结构性的角度对企业的边界利润率造成影响。由于外部的因素造成边界利润率的下降，因此必须采取战略策略改革加以解决。

②内部因素表现为经营管理（战术），它会从短期的、局部的、表面的角度对企业边界利润率造成影响。由于是内部因素造成边界利润率下降，因此必须采取战术策略改革来加以解决。

③要正确地分析企业市场相对竞争力下降的原因，然后针对性地采取对策。

（4）有哪些改变市场相对竞争力的经营因素

首先是通过改变产品结构改变市场竞争力。其一，产品构成结构是产品力非常重要的组成部分；其二，考虑哪种多卖，先看是否促进产品力的提高，其次才看是否能够提高利润。

第二是通过改变销售模式结构来改变市场竞争力。A企业整体的边界利润率比上年增长了2%，其原因是邮寄业务上升了0.4%，网络销售上升了9%，电销上升了3%；但是展会下降近10%。由于各种销售模式占总销售额的改变，同时在邮寄、网销电销、展销、四种业务模式之间是有机互动关联关系，所以即使个别业务模式边界利润率在下降，但是总的边界利润率却得到了提升。

商品组合、业务模式、顾客定位及事业种类结构发生改变，就会影响边界利润率。这是事业结构竞争力的表现之一。

第三是通过生产技术的改变来改变市场竞争力。技术研发、工艺、设备的革新是制造业企业的生命线。新旧生产线的改变对企业经营的影响极大，是每个经营者最重要的经营课题，因为经营利润率每提高1%，如果是2亿元的规模，带来的直接经营利润就是200万元。短期来说，对经营利润率的重视比对经营利润的重视更重要。

5. 变动费管理

很多企业对变动费管理的方法是根据年度经营计划，按照变动费的项目类别设定标准额，然后进行关键差异分析问题，制定对策。这种做法出现了很多问题，会丢失市场机会，那么应该如何对变动费进行计划管理呢？下面我们将其要点进行说明。

①变动费是以销售额（产量）的一定比例表现出来的。不能对变动费的绝对值来进行计划管理。

②变动费必须按照商品、材料部件、客户类别等销售额的一定比率来进行管理。

③变动费的管理必须由企业或各部门、团队的责任者自己来进行。这也是赋权经营，全员参与的关键所在。

最后，还要强调，以绝对值来对变动费进行管理是对经营本质的极大误解。

3

固定费与绝对竞争力

前面提到过在经营会计的计算体系中必须运用边界利润计算。其边界利润计算的根本是把费用区分为变动费和固定费，并且对变动费和固定费的概念进行定义，同时我们讨论了经营会计的“上部”结构对企业经营的意义。那么，经营会计的“下部”结构对经营的指导意义何在？

1. 经营体制与固定费

（1）固定费的含义

变动费可定义为“与销售额成比例发生，或能被计划的费用”，而固定费就是“不与销售额成比例的发生，或不能被计划的费用”，因为它是没有销售额也要发生的费用，它的支出是要维持企业正常运转。

如果认为“固定费是相对于销售额不变动的费用”，那就错了。因为这个定义中没有包括可变的固定费。在实际的经营中，所有的费用其实都是相对可控的，而且任何一项费用只是趋向性不同，所以从单纯化的角度，为了便于分析问题和解决问题，经营会计实务上我们简单分类处理。

（2）固定费的分类

固定费可分成两类。①相对于销售额的变化，非比例性变动的固定费（变动的固定费）。②相对于销售额的变化，不发生变化的固定费（不变的固定费）。

固定费相对于销售额如何变动，这对于推进经营会计的分析非常重要。下面我们通过按照发生的特征将固定费进行分类。

①递增性固定费。随销售额的增加而相对增加的固定费。例如：生产员工的基本工资、修理费、水电费、燃气费、福利、培训费、教育费等。

②递减性固定费。相对于销售额的增加而相对减少的固定费。例如：接待费、差旅费、工具费、办公费、附加税费、检验费、认证费等。

③不变性固定费。即使销售额增加也不会发生变化的固定费。这类固定费很多，但实际上是否发生变化则因期间而异。例如，以折旧费来看，它是以一年为单位而变化的费用，但经营会计科目计算的时间是以月度决算为基准的，因此被视为不变。同理租赁费、固定工资、社保、车船税、顾问费、协会费亦如此。

④综合固定费。实际上，企业或是企业的一个小单位（营销部门、制造部门、店铺部门、独立核算小组织等）在期间计算出的固定费的总额是由上述三类固定费合成的综合固定费。也就是说，固定费的总额中，包含了递增的固定费、递减的固定费和不变的固定费。并且，企业的业务模式和经营模式的不同，各类固定费的构成比例也不同。

（3）可管理费与不可管理费

上面我们将固定费分为可变固定费和不变固定费。如果从可管控性与不可管控性的关系来考虑的话，可变性固定费计为可管控费，不变固定费则为不可管控费。而固定费的可管控与不可管控，实际上相对经营的责任、权力、能力的界定，也是独立核算制度和赋权赋能制度的具体体现。对于不同的经营者，其权力不同，由此决定其是否可控。

可否管控的固定费界定标准如下。

①按费用的形态来界定：变动的固定费是可管控的，不变的固定费是不可管控的。

比如店铺租金每月都是固定的，是不可管控的；每月变动的办公水电是可管控的。但事实上，对于店长上级而言，店铺租金也是可以管控。对于老板来说，所有费用都是可管控的。

②从权力与责任的角度来界定。一类是属于负责部门经营责任者的范围（责任的范围）。另一类是属于月度结算期间的范围，必须是以一个月度来衡量与体现，战斗性的固定费，比如一个月度的设备维修费有多少额度，不能以整个年度计算（管理的范围，目的是将责任和权力对等，最终以量化赋权的制度为准）。

界定某个费用可管控和不可管控的目的是为了更好地从战略的角度将业务模式进行强化，对部门责任者量化赋权的标准包括三方面：

从固定费发生的形态来看，可变动的是可管控的，不变的固定费是不可管控的（意识层面）。

从管控的角度，管控的范围即时间范围（每月、日）和项目及金额标准值的范围来看（管控层面）。

从经营目的的角度，必须是为了更好地执行经营责任的业务模式的战略（经营层面）。

比如零售店铺要建立起直销业务模式，即要建立店售的业务模式，快速应对市场快速反应，高效决策，店长应该给什么样的权力，不应该给什么样的权力就清楚了。

固定费管控必须遵守以下三项基本原则：

①完成损益目标是第一位的，而固定费的管控是第二位的。

②固定费管控的标准值的设定，应该以损益方针为中心。

③对月度固定费累计值预测及评价重于当月期间值。

2. 经营体制的本质与固定费的分类

（1）固定费的分类方法

下面从经营的立场出发，将损益表中列举的固定费的费用项目进行整理和分类。在这里我们所运用的分类方法称为固定费的关键资源7要素分类基准。

①人工费 。包括与人相关的费用的总称，含人工劳务费、公积金、教育培训费、法定社保费等。

②设备费。与经营设备、环境相关的基础费用的总和。在经营体制中，与经营工作环境相关的所有的物的总称，如厂房租金、机械设备的折旧费等等，称之为设备/设施费。要区别于与生产和销售相关物，这是变动费。

③技术费。企业投入产品技术研发、购买专利、经营管理技术等费用。除人工以外的研发产生的财与物料、专利购买、信息获取等费用的综合。

④信息化费。信息化开发投入的咨询费、软件开发等支出的费用。

⑤品牌费。企业进行企业品牌、事业品牌推广费用，如宣传、软文发布等其他广告费，除特定产品推广（变动费）外。

⑥固定费利息。与经营固定资金相关的资金成本。

⑦其他固定费 。人与设备及资金关联运用的相关的费用，差旅费，办公用品费、电话费、办公用水电费等。

（2）从经营的角度看固定费的含义

经营从根上说就是对人、物、资金的有效活用而产生利润的过程。根据这个含义，有必要对7分类的项目进行进一步的定义。如“信息、品牌、技术”从实务的角度也是“资金”的体现，简化来看，也可以将其归为“其他固定费”。

所有经费都是立足于这些人、物、资金朝着经营目的——引进人才和设备，建立经营管理规则，使人与物、人与组织发生作用而产生经营活动，这是一种生产关系的规则，俗称企业的经营体制。经营体制的不同，决定了组织的活力与效率，直接影响到生产力潜能的释放。固定费就是进行经营活动的“人”运用“物”时所发生的费用。

也就是说，“其他固定费”是“以经营体制的活动为目的而展开的费用”。经过这样的分析便可以得出固定费就是为维持企业正常运转而发生的。至此，回归到固定费的本质，我们可以对固定费重新理解：固定费是维持经营体制的费用，通过“组织—制度—人与角色的匹配”体现出来的，固定费绝对值的大小就体现了经营体制的大小（企业规模、产能的大小），体制力的强弱由固定费生产力（单位固定费创造的价值）等来判断。

固定费是在一定期间内投入到生产，将费用转变成了价值，体现了一个企业的生产力。所以固定费已不是费用，而是体现着企业生产力（经济价值）。因此，我们要对经营会计的计算完成从单纯的损益数字计算体系转化成生产力经营计算体系——经营会计报表中的数字都是组织经营能力的体现。

3. 经营体制力与固定费的本质

（1）追寻固定费的本质

①从固定费的计算到经营管理。

第一，固定费是不与收益（销售额、生产额）成比例地发生，或是不能被计划的费用。这是普通的会计人员、实务层操作的人士对固定费的理解，停留在简单会计核算，所以从财务角度把固定费当成本来控制。

第二，固定费是维持经营体制的费用。固定费的总额体现出现有的经营体制的大小。这是通过对固定费的分类分析，努力寻追其本质得出的。

第三，固定费是经营体制在一定的期间内投入的经济价值，体现出经营体制在一定期间内的生产力的大小。

第四，深入认识固定费本质，由“维持经营体制”到“生产力”的体现，是企业领导人经营理念的极大转变。它决定了企业经营者对人的看法的彻底转变，也决定了体制建立的基本方向和水准，是互联网时代与大工业经济时代企业经营最根本的区别。

只有充分理解上述观点，才能真正将经营会计活用于企业的经营和管理实践。与此同时，对变动费的理解也将发生极大的变化。也就是说，“变动费是以经营体制为基础，以对外满足客户需求，获取市场竞争成果（销售额和边界利润）的手段的价值的大小”。这也是变动费经营的本质。

作为市场竞争手段的变动费，对其价值应该如何思考，也与固定费的生产力概念一样，需要进行若干的基本研究。

②固定费与核心经营力。

从经营会计损益表“上下部”结构之间的关系，从更高的水准来理解经营和经营者的本质，再看企业的经营力。经营是以固定费为基础，活用变动费这个手段，获取销售额，从而获取边界利润的过程。

经营者就是“以固定费为基础，用经营体制激活组织和个体，同时活用变动费，从而获得大于固定费的边界利润的人”。

通过变动费和固定费的进一步研究，从而发现企业的核心经营力，也即是企业最重要的资源投入。常常发现总固定费中智慧服务业企业人工费的比例比较大；有些生产制造企业设备费的比例比较大；有些快销品的企业是品牌广告费大；或者是其他经费比例比较大。那么，固定费的各种不同的存在方式，其各自的经营特性是什么？

固定费体现一个企业的经营体制力，企业不同，经营体制力的特性也不同，往往也会影响到企业的业态、业务模式的特性的不同。因此我们提出了固定费集中度的概念。

固定费集中度就是固定费中的各项目相对固定费总额的比例。哪些项目占比越大，表明企业的核心资源投入所在，则表达为其核心经营力所在，所以“下部”结构代表的是企业的市场绝对竞争力。固定费的集中度也即是我们常说的劳动密集型、知识密集型、技术密集型等。

③集中的度的活用。

A.集中度体现了企业生产力的特性；B.集中度体现了经营力的重点所在，即绩效管理重点；C.改变业务模式则会改变固定费集中度；D.可以活用于经营利润的分配和人力资源的激励导向。

4. 生产力与生产能力

固定费的绝对值大小决定经营体制（产能）的大小，经营体制大并不意味着强，生产能力大不意味着生产力强，现在来考虑生产力如何增强的问题。

下面来看如何通过把握“下部结构”来把握体制策略和资源要素策略，我们是通过生产力来将体制和要素策略联接起来。

（1）生产力与生产能力之异同

生产能力是指产能，是企业投入的资源绝对值，表达的是相对最大可能的生产规模。固定费越大，投入固定资源总和越大，企业自身的生产能力越大。

生产力是工作的效率。是每个单位投入所获取的产出。

①固定费生产力的含意及评价指标。

固定费生产力＝边界利润÷固定费。

企业固定费的总额是经营体制的大小，体现企业经营体制力强弱的是固定费生产力。所以没有企业大小之分，企业竞争的核心是谁投入的价值产生的成果更高。

为什么不能能用销售额或经营利润作为固定费的产出？固定费是在一定时期内投入到经营体制的大小，是投入就必须衡量价值的大小。

固定费生产力评价指标，可见下表。

固定费生产力的评价	指标
优	超过145%
良	130%～145%
中	115%～130%
可	105%～115%
差	低于105%

这个评价指标没有国界、行业、企业大小之分，因为是单位投入的产出，本质是对企业运用固定费的能力的评价。

②劳动生产力的含意及评价指标。

人工费是生产力最重要的资源要素之一，因而对人力的生产力要进行思考。

人工费生产力＝边界利润÷人工费

该算式显示，将人的价值（人工费）投入经营体系后，单位人工费获得的成果，即边界利润的大小。当在一个月为期间进行人力生产力管理时，我们就用人/月劳动生产力的概念。

人/月劳动生产力＝边界利润÷人数

表达的是平均每人每月创造的边界利润。国际通行的人/月劳动生产力评价指标如下（单位：万元）。

小于2.5万元为差；2.5～5万元为可，5～7.5万元为中；7.5～10万元为良；10万元以上为优。

单位时间生产力＝边界利润÷劳动时间

表达的是投入人和设备、环境，一个小时创造多少边界利润的价值。

人工费不是一笔费用，而是投入到企业中的劳动产能的大小。对人的生产力进行思考有劳动生产力和人/月劳动生产力两个指标。人力资源部最重要的事情就是提高人力的生产力。

劳动生产力＝（边界利润/人工费）÷（人工费/总固定费）

假设人工费的集中度为已知时，对应固定费生产力的评价指标如何得出呢?

上述4个算式是独立核算的自主经营组织必须要高度重视的指标，它直接用于小经营组织的实现自我管理，从而解脱人力资源部的事务性职能，让人力资源部投入更多的时间做更有价值的事。

（2）提高劳动生产力的对策

如何来提高企业的劳动生产力，是企业经营者要考虑的最重要的课题。对于一般制造业而言，可采取如下措施。

①提高老产品的边界利润率，要开发新的产品。

②提高单台设备的新产品产能，提高人和设备配合的效率。

③提高自动化的程度，少用人工。

④提高单件合同、单次、单品的销售额。

⑤提高客户拜访的次数和每次拜访成功的收入。

每个独立核算单元的经营者，可以清晰地跟员工探讨提高固定费生产力的工作重点，真正实现全员改善，全员参与经营。

（3）活用固定费生产力

对劳动生产力进行分析之前，要对固定费生产力整体进行分析。接下来对每个固定费的组成部分进行分析，会发现劳动生产力在增长，其他经费在大幅度的下降，那么管理的重点在变。

当统一的工作以协同作业的方式进行时，不要将其细分；前工序对后工序有重大影响时，不要将其细分，将整个单位作为独立核算单位来进行生产力的管理。

到此为止，我们通过对经营会计损益表的全貌，“上下部结构”及其关系进行了全面的分析，它是作为企业经营高手必须掌握的精华技术，也是会计从业者上升到经营者必须学会的思考模式。使经营者从数字核算的游戏体系升华到经营的管理体系，本质是回归原点去看经营，从而升华价值观体系，实现理念经营。“一手理念，一手算盘”，组织化小，赋权赋能，培养更多经营人才，成就员工，从而解放老板，构建幸福企业。

总　结

❶经营会计损益表具备人的“面相”特征，不同业务模式的企业，其面相各不相同，所以企业没有完全相同“面相”的经营会计体系。

❷边界利润率大小体现了企业市场相对竞争力的高低。

❸变动费是用比率进行管理，固定费是用绝对值进行管理。

❹固定费大小本质是企业体制力大小的体现，但经营体制的强弱则

通过劳动生产力来表达。

❺连接经营会计报表“上部和下部”之间有机互动关系的是生产力，往往业务模式改变也是改变生产力。

❻经营者对固定费本质的认知过程，就是价值观的升华过程。

第九章

经营会计实践的误区

斑斓的万物，在众生的眼里各有不同，然而智者总能发现现象背后的真理。纷繁的世界，纵有千枝万叶，只要回归根干，总能理清头绪。数字是事物投射的表达，只有把握形式背后的本质，才能不偏离事物的真相。

——田和喜

大数据时代，相比财务会计、管理会计，企业更需要经营会计，经营会计必将成为下一轮中国企业转型升级的利器。由于经营会计的探索在国内起步较晚，从萌生至今尚不足10年时间，所以既掌握了经营会计完整理论知识体系，又有着丰富实务经验，且能活用于经营的人才太少。因此，大多数是披着经营会计的外衣，干的其实是管理会计的活，最后，企业经营者也就将“经营会计”混同为“管理会计”。

这种现实似乎成为逃不过的“魔咒”，正如丰田的经营模式TPS，在引入国内后，几乎都成了“精益生产”代名词。两者看似一张脸，透过心灵的窗户看，其本质完全不同。

精益生产是丰田生产方式在制造现场体现的一种表象，它源自美国麻省理工学院国际汽车计划组织专家对丰田成功的研究，而提出英文概念（Lean Production，简称LP，即“精益”），翻译到中国成了“精益生产”，其实是一种学术的片面思维用词。在丰田内部，“精益生产”的名词不允许存在。

亦如把京瓷阿米巴经营引入中国，几乎都成了“独立核算”的代名词。而阿米巴经营的本质是“以利他哲学为根基的，实现全员共创共享的数字经营法”，阿米巴经营所使用的会计也是京瓷公司特有的“经营管理会计”，适合京瓷的业务特征和稻盛和夫的经营意志，但是大量的译者翻译成“管理会计”，这也是学术的片面性的表述，而且有更多摇旗呐喊的“大师”将其做成管理会计。

面对如此混乱的现实，很多人也不禁动摇——这就是丰田的精益生产吗？这就是阿米巴经营吗？似乎没有能做成两个世界500强的神奇功效，大有劣币驱逐良币的之嫌。

其实任何一个新的知识和工具的出现，在实践的过程遇到一些问题并不可怕，但很多都是路走偏了。如同南辕北辙并不可怕，最多慢点绕一圈还可以到达。如果是南辕东辙，恐怕走多少路也无法达到理想的目标。

作为一家负责任的经营咨询机构，我们在国内从2008年开始最早研究“经营会计”，并取得了相应的知识产权。经过10年8000家企业实践案例，取得了累累硕果。时至今日，我们已经展开了110期的《实学：经营会计构建与活用》的公开课教学，已经为中国培养了懂经营的经营会计人才五万之多。经营会计虽易学、易用，但要让所有员工推动实践，过程中都会有酸甜苦辣，在此提醒大家在实践中要避开的一些陷阱。

1

陷阱1：没有共识的推行

M公司连续3年处在亏损的边缘，高管们反复研究解决方案，但谁都无法说服谁，意见不能统一，因为利用财务报表分析的数据，很难让大家都能搞明白，全凭感性，没有共同语言，思维不能一致。2017年M公司李老板听说道成服务的A公司导入咨询项目展开的效果很好，于是带领高管团队专门造访。交流结束后，A公司将我们的咨询教材复印给了M公司李总，并简单将教材的内容做了复述。于是李总如获至宝，回去后带高管一块琢磨，最后决定自己导入。首先，把教材给到财务学习，财务总监张总看完后做了汇报，因该容易也可行。然后李总召集高层开会，决定由财务总监张总领头推进导入经营会计，进行经营核算。

2017年8月份开始，财务总监张总积极推进实施。9月初财务人员开始加班制作各部门的经营会计报表，并做了分析，很显然成果令李总非常满意，老板一眼就看出了很多问题，感慨道，经营了20年企业，从来没有看到如此清晰的财务报告。结果10月初在大会公开表彰了财务部门，并给与2000元奖金。

由于M公司规模利润3年徘徊不前，所以李总扭亏心切，决定加快脚步推进经营会计的独立核算，并将核算业绩与奖金挂钩来驱动员工。

财务部张总监开始摩拳擦掌，积极开干，全力推进，制作并下发了大量的表格给员工填写。谁知道到11月份收上来的数据出乎意料，没法使用，多半不真实；更有甚者，根本不填。李总开始有些失望，为什么会这样呢？到12月份，草草收场。

这样的案例比比皆是，我们经常接到类似的电话。很多企业听了一堂推广课，看了几本书就开始全员实施，最后以失败告终。

这样的照猫画虎肯定不会有实效。

任何一门新的知识和工具导入，并不在于其本身，功夫都在“诗外”。导入新理念、新工具体系的方法，失败的原因并不是在于该工具和方法不好，而是员工不接受。因为企业是一个各方利益平衡的组织，如果认识不到导入的目的和目标，最后每个人都会怀疑，这样会给我的利益带来什么？人人自危，最后方向不一，即使财务部门再大的强制，也无法推动，其他部门的员工配合度一定很差，所以结果可想而知。

企业经营的本质是经营人心，人心齐泰山移。所以成功推行项目取决于认知、方案、执行的总合，即：

改革成功＝方案×人心× 执行

团队能力差，即使方案不完美，但人心是统一的，大家执行时全力以赴，总比南辕北辙力量分散好得多。经营会计导入也是如此，作为一把手要亲自挂帅，而不能只指望财务部。老板带着全员学习，真正搞明白理解透，首先是中高层要统一认知。

经营会计表面是一个工具系统，实则它是自主经营独立核算的模式导入，一定会影响部分人的利益。如何能让全员协同推进，则必须消除员工的担心与障碍。关键要全员讲明白导入的目的目标，不要舍本逐末。要让员工安定、放心；不能简单、野蛮地与员工利益挂钩，把员工导入唯利是图的陷阱。

另外，对于基层员工一开始就要进行大量培训，站在利他的角度上，让员工明白要做什么，能给他们带来什么帮助？所以全员达成统一认知才是推行实践的开始。

2

陷阱2：会计就是财务的事

小王是LQ啤酒公司销售系统的东北区主管，最近有些事让他为难，财务发了一堆的报表需要填报，本来很忙，每天为业绩发愁，哪来时间搞这东西。小王说：“公司导入经营会计搞独立核算是好的，我支持，但会计这东西本来就复杂，我们看不懂，它是财务要用的。我们销售要做的就是业务，不做这报表对我们也不会有什么影响，财务把报表给我们就行。”

所以小王铁了心，带着手下队伍依旧专注自己的业务，对经营会计报表应付了事。其实这种现象不在少数，生产、研发、职能部门对这项工作都存在排斥，本来每天可以准时下班，这下可好，至少要延迟15分钟做报表。这不是没事找事吗？这是多数人的想法。各部门为了应付上级检查，其本职工作并没有多大改变。

传统思想当中，销售当然只关心业务，生产只关心成本，物流只关心运输费用，研发部门只关心研发费用，没有人对公司整体利润负责！刚导入经营独立核算时，对经营会计不适应在所难免，似乎要增加大家的工作量。如果这事情一直无法推广，只有财务部要做，那就失去了经营会计本来促进全员经营的意义。

其实引入一个新的思想，最终要的是让所有人明白目的所在，具体实施阶段及方向是什么？一旦员工感到与以往经验不符时，出于趋利避害的本能就会排斥。要想打破员工的疑虑，经营者就必须从以下几方面多下功夫。

①打破门户之见，强化经营意识。不明就里的人，一听到“会计”就会理所当然按常识去判定，以为它就是财务的工作范畴。实际经营会计是贯穿企业经营的整体全部部门工作，通过内部交易来实现分段经营，帮助所有部门发现问题、改善问题。只有每个部门自己算账，才清楚当家很难。

并不是每个部门绩效好，企业整体利益就是最大的，而是要符合战略方向去努力，统一协调步调。就如商场做生意一样，白菜就应该亏损买，才有人气，最后其他部门才可以赚钱，商场利润才能最大。各部门通过每天核算，如销售发现有些菜品不好卖，必须马上将信息传递给采购部门，损失就可避免。否则就会犯大企业病，部门墙高筑，老死不相往来，决策不及时，其敷衍的数据更是害死人。

②消除畏难情绪，形成信赖关系。在推进经营会计的时候，一定要将专业的语言直白化表达，通俗地教会员工如何填表、如何记流水账、如何算账实现“销售额最大化，费用最小化”“变动费用比率管理，固定费用绝对值管理”。这样简单、易操作，基层员工学会加减乘除运用便足矣。

强化全员经营意识，每天帮助经营体的负责人解答疑难杂症，手把手教会他们分析，从哪儿能提升利润，真诚地帮助他们，最终效益提升，员工的收入增长，信赖关系才能形成。

陷阱3：粗暴的承包

经营会计是在利他理念 、大战略小组织经营的前提下实施的。 高、中、基层只有在统一思想的基础上，才能利用经营会计促进经营，循环精进。 但经营会计始终是个工具，如果工具没有注入灵魂，是无法推动企业发展的，甚至起到反作用。

请看B公司一位老板秘书的独立核算经营推进日记。

8月20日 广州　晴　雷阵雨

本该休息的日子，突然被老板电话叫到公司办公室。销售一部接待了一大客户，正在砍价。费了九牛二虎之力，才说服这个A客户，但客户提出的条件是，大袋包装味精价格较低，小瓶装的氨基酸根本不赚钱，这个订单接还是不接呢？这使销售一部李经理陷入两难，不接没活干，接了2个单一块算也不赚钱，可两个车间还等米下锅呢！

接下来，李经理作出了盘算，销售部除开营销费用，似乎真没钱赚，因为销售也是独立核算的。这时李经理准备放弃了。事情告知到老板处，老板开始协调，直接下命令必须接单。

8月22日 广州 雨

老板的电话响了，询问我A公司的合同是否签订了，因为老板已经做了很多工作。但事情哪来那么简单呢！表面答应，心里可是不想。于是我把三个大佬叫到会议室，开始协调。结果3人都不乐意，只有老板一厢情愿。

原因很简单，销售给的价格低，工厂叫苦。然而销售李经理不乐意，单子做了我也没钱赚。特别是氨基酸的工厂黄总更不同意，销售给我这价明显没钱赚、是赔本买卖！最后僵持不下。

8月23日 广州 阴天

今天老板发火了，开批斗会。老板大发雷霆拍案而起："仓库还有那么多原材料库存、车间机器两条线停摆，你们还在这儿讨论接不接单，有资格吗？"将三人放到办公室做思想工作，好说歹说，终于同意了。

8月29日 广州 晴

月底了，有人欢喜有人愁。氨基酸工厂业绩很好，员工拿了上月2倍的奖金。而味精竞争激烈，业绩很差！但是味精工厂说，我们也付出了同样劳动，为何业绩这么差呢？氨基酸和味精是关联工艺工序，所以双方都会有牵制，影响各自业绩。此时HR迷茫了！氨基酸虽然业绩好，但公司是亏损，奖金还发吗？这时我突然想起了老家农村承包责任制，这不就是承包吗？

上面案例在很多企业都在发生，其根本原因如下。

没有坚守独立核算的自主经营本质，同时没有很好理解经营会计报表导入时内部交易的目的所在。

经营会计是一套将员工利益与公司利益有机统一的工具。但如果没有理念及利他之心作为支撑，大家仅为各自的绩效工作，没有统一的目标和方针，那就又变成了一种打补丁的管理方式，如果把经营会计核算的利润与小组织绩效挂钩，甚至就搞成了承包制。

承包制关注的是短期利益，而经营会计关注的则是公司整体的长期利益。细分核算只是手段，且大河有水小河满，局部利益必须以满足整体利益为前提。

所以将经营会计与理念目标进行有机结合，相互渗透才能取得更好的落地效果。让员工明确自己的价值自己创造，将各小经营体与公司的目标相结合。当每位员工清楚知道自己的目标时，就由原来为了完成工作任务转变成自己来经营，追求最终的结果。

陷阱4：苛求一次完美

有次我在讲《哲学与经营会计》的课程，随便做了调查，问台下200位学员，你们认为回到企业后能推进吗？下面将近60位老板同时举手：老师，我们不具备条件。接着我又问，那你们认为要具备什么条件呢？答案就五花八门了，“数据不细、不清楚”“员工素质太低”“信息系统不能支撑”等等，其实本质是大家有一系列的担忧。

很好地理解如下几点，就会顺利推进。

1. 边实践、边学习、边完善

回到本质上说，没有任何一个新东西的引进是不需要消化的。消化不是理论上讲讲、学学，而是要在实践中运用。刚开始推进经营会计肯定没有那么系统和完善，但不必要畏惧。随着推进的深入，员工对于经营会计的理解也会更深入。原来不熟悉、不理解的逐渐就清晰了。书读百遍，其义自现。

每家企业的核算基础不同，在推行时应该结合实际情况分阶段推进，先易后难不断完善。每个独立核算组织的基础不同，负责的产品线不一样。就以

HB公司为例，该西点制作企业属于初创阶段，并没有十分完善的管理体系。通过培训员工以利他的思维模式一步步推行经营会计以来，与精益生产及绩效激励相结合，逐步摸索设计出属于自己的单店核算模式，如用电量作为费用支出占比2%以上，通过错峰用电及节电习惯的改进，推行半年降低电费耗用8%。停留着想，永远不会改变，只有做，才会有答案！

2. 避免苛刻的完美主义

任何事物都有熟悉过程，推行经营会计体系也一样。我们要有一次性把事情做好的决心，但不能苛求一次就能做到极致。不是等数据清晰了再来推进经营会计，而是推进的目的就是在过程中发现问题，从而能把问题看得更清楚，去解决问题。

每一个经营会计报表数据要能采集上来，一定有其保障的机制。当某个科目数据不能及时收集时，就要检查其承载的流程、标准和管理制度是否有问题。这样，这个数据是否有清晰的归属责任就非常清楚。如果没有，则要夯实企业的过程管理，使其更精细化。

数据的及时性、完整性与企业的信息化程度确实有关联。但并不是把信息化系统做好再来推进内部交易和经营会计体系。因为推行之时，肯定整体体系还没完善，需要大量调整。经过相当长时间，先把手工账做好，明确需求后再来开发信息化软件，这样就可避免重复修改浪费大量的资源。软件本身也是一个工具，如果没有很好掌握思维方式和理念，多好的软件也是徒劳。

3. 改变偏执的认知

2015年，我们在LQ啤酒公司推进经营会计时，出现了这样一幕：在业绩分析会上，LQ公司的营销副总做了报告陈述，陈述的基本情况是“销售额没有完成计划目标，边界利润率、利润和利润率都已经超越”，更重要的是一直沿用的“吨酒费用”指标下降，证明成本控制很好。这样的结果是好还是不好呢？答案还不能确定。等到生产副总作报告，结论是生产系统“相比计划销售额未达标，边界利润上升，利润率下降，亏损”。

从上述结果可以看出，企业整体利益业绩是差的，主要原因是销售部没有完成销售额，造成了生产系统大量的固定费用无法分摊，导致企业整体利润未能达标。

然而只看销售部门自己的报表还是业绩飘红的，而且销售系统自我得意，觉得利润完成有功劳。事实并非如此。老板发现所有分析和当初计划的方向完全偏离，于是开骂“你们都在敷衍我，表面繁华，实则经营能力在下降，从今天起，大家把原来的报表和分析指标先收起来，一切按照经营会计的要求去做分析。”很显然，“吨酒费用”是原来的过程管理指标，吨酒费用低，企业整体不见得盈利。这其实就是员工通常的思维惯性。

要让一个人改变观念和思维方式是很困难的，把别人的钱装进自己的口袋较难，但把你的思想装进别人的头脑就更难。改变人的意识需要较长时间，推进经营会计切勿操之过急。

5

陷阱5：义利不合

经营会计的数字是业务活动的直接体现，企业价值观也要要在经营会计报表中得到直观的体现，做到“知行合一”才能真正让员工信任企业。如对待员工“以人为本”，那么你的经营会计报表的固定费中就设计了“福利费—加班餐费”，对待客户“以客户为中心”的价值观，可以在经营会计科目设有“销售额—客户奖励销售额”。

1. 离职慰问金：海底捞的嫁妆

海底捞董事长张勇许诺：在海底捞做店长超过一年以上，不论什么原因走，海底捞都要给8万元“嫁妆”。他的解释是：“海底捞工作太繁重，能在海底捞做到店长以上的，对海底捞都有相当贡献。所以不论什么原因走，我们都应该把人家的那份给人家。小区经理走，我们给20万；大区经理以上走，我们会送一间火锅店，差不多800万。” 然而，在海底捞十几年的历史中，上百个店长以上的干部，只有3个人拿走了海底捞的“嫁妆”。

这里我需要告诉大家，张勇的这个许诺在海底捞并没有明文规定，但是所有员工都深信不疑，而且海底捞也是这么做的。

张勇为什么敢给离职员工“嫁妆”？如果海底捞的员工离职率居高不下，我估计张勇会因为“嫁妆”而倾家荡产；更为可怕的是张勇只是“口头承诺”，但是员工却深信不疑。

其实张勇的那段解释已经充分地体现了海底捞的企业文化。家庭理念已经成为了海底捞的企业文化。这种文化一定程度上拉近了海底捞高层与员工之间的距离，直接就在会计科目中表达出来。

2. 福利费：阿里的孕妇装

阿里巴巴的很多客服、销售是女性。2006年、2007年的时候，有很多85后女孩子结婚了，要生孩子。那个时候阿里巴巴的园区很多人挺着大肚子，平均一年生700到800个孩子。因为这类员工都在电脑前工作，阿里巴巴要给她们配一个防辐射的孕妇装，买最好的牌子，一件三百多，加上换洗的，一个孕妇发两件，也就是600多。算下来，一年48万。

当时行政部规定了孕妇装的领用办法：当事人申请，主管批准。而主管怎么确保这个人是不是真怀孕呢，就要配一个几级以上的怀孕证明。这个规定看起来不复杂，而且600块钱领出去总得有一个流程手续吧。不过后来复盘时发现，这是一个很愚蠢的政策：这个孕妇服不好看，女孩子爱美，没事不会套孕妇装。

阿里巴巴觉得这么做很不信任自己的员工，就取消了这个规定，当时行政部就提出了反对意见：万一她给自己朋友领呢？

后来阿里巴巴做了一个很简单的宣讲，告诉所有员工，给大家准备了孕妇服，保护大家和下一代的身体健康，是给在职员工买的。如果你觉得很好，想给亲戚朋友送一件，到小卖部去买。如果你觉得在阿里巴巴的待遇或者对朋友的友谊不值得这个价钱，你也可以多领。

给员工把话讲透后，就把原来的政策取消了。过了一年问领出去多少孕妇服，大概还是800件左右，说明也没有员工来占这个便宜，冒充怀孕。你要跟员工宣讲，员工会自我约束，不要太担心。组织效率中最重要的两个字就是信任。当信任体现到经营会计的科目费用中时，这就是知行合一。

3. 加班晚餐费：阿里人的晚餐

在阿里加班，可以再吃一顿晚饭。当时，一顿晚饭公司出15块钱，大约一年两百五十个工作日，一年吃掉差不多两千多万的加班费。

最早的管理办法很简单，员工提申请，主管批准。主管批准加班，撕张券给你，六点钟开饭你就去吃。这个制度很多人觉得很正常，用了很多年。后来在复盘的时候，公司觉得这个制度有问题。

第一，谁也没有规定工作到几点以后是加班。所以确实有一批人，申请加班，吃完以后，六点半加班到七点钟走了。于公司，也没有什么制度说这不可以。

第二，公司方从来没有去想，每天五六千个人提加班申请，主管批准，发一张券，这个动作花了多少时间，花了多少钱。实际上想想看，每天五六千人写一个“今天要加班”，还得写一个理由：什么项目加班。主管看一眼批准，还得撕一张券给你。——从来没有人计算这个成本。

后来阿里巴巴跟员工讲清楚，加班晚餐是给加班的员工吃的，你不加班最好不要吃。但是如果你今天觉得很累，回去不想做饭，想吃完以后再回去，也没关系。反正公司是我们大家的，我们把公司吃光了，吃穷了，我们散伙。一年下来，大概前一年加班餐费在1400万左右，取消报批制以后，多了大概100万，变成1500万了。

但计算一下，200多工作日，每天四五千人打申请，主管批准发券，这事值不值一百万？中间消耗掉的人工，消耗掉的效率何止一百万。

你的公司有没有这样的制度？这种愚蠢的制度与企业的“以心为本”是背道而驰的。由此充分表现出，倘若公司是离心状态，即使有了科目，其本质也是没有灵魂的。

经营会计不仅仅是核算，其本质是经营者的经营思想体系直接用数字体现，正如稻盛和夫所言：把哲学转化成数字才叫经营。

6

陷阱6：曲解的成本

TSL公司刚开始推行经营会计的时候，员工为了降低费用都争相节约成本，甚至设备正常的护养都延期再做，福利手套都买最便宜的，很多车间不再主动招人，为的是一个人干两个人的活节省费用。这就是走偏了，没有灵魂的注入，简单“金钱论”而非“价值论”。

经营会计是经营者思想的落地工具，其产生的结果应该是以提升效率、提升单位产出为标准。人员减少绝对不是通过压榨员工来实现的，而是通过调动大家的积极性、优化生产方式、推进自动化智能化制造，在人的强度不增加的情况下提升效率。不能简单地把所有费用当成成本，因为固定费用往往是生产产能大小的体现，同时也是体制力大小的体现，要做的不是一味削减固定费，而是实现“肌肉型”组织的经营。所以从经营会计的角度来说，经营就是能以固定费为基础，活用变动费，获得最大边界利润。

王总有货币资金2000元，用现有的钱倒卖白菜能获利270元，倒卖鸡蛋能获利350元。但该企业家已经将其所拥有的资金用于设备、厂房等，丧失了投资其他业务能获利的机会。因为是自己的企业，所以企业家们常常免费用自己的房子、资金、车子而不计成本。

自主经营是一种现代经营，每一个独立核算单元期望增加的设备、投资，不再是由老板埋单，更相当于企业从老板这里获取资金投入，必须收取相应的资金使用费，只有扣除资金使用费的成本，才能核算真实贡献的经营利润。

总　结

❶不是简单的科目费用，每一个数据都要注入灵魂。

❷把哲学转化成数字，才是真正的经营。

❸所谓的经营者，就是能以固定费为基础，活用变动费，获得最大边界利润的责任人。

❹一次就绝对完美，就等于完蛋，经营会计运用的目的就是要不断循环改进，其本身也是如此。

❺知行合一，把感性价值观和理性数字、机制相融合，才能取信于民，释放员工潜能。

❻自主经营的本质是全员信赖关系的经营。

❼数字化的经营是全员的责任，会计不仅仅是财务的专利，因此业财融合是大趋势。

❽懒惰的承包，员工只算小账，不算大账，老板和员工都导入到了自私自利的经营。

❾不能达成对自主经营和经营会计的共识，其结果只有一个，经营会计就是财务的事。

❿深刻认识经营会计的本质，才不至于陷入“只关注算账的结果主义”。